名师名校名校长

凝聚名师共识
回应名师关怀
打造名师品牌
培育名师群体

郑明造影

做幸福的特教人

高 飞 / 著

吉林教育出版社

图书在版编目（CIP）数据

做幸福的特教人 / 高飞著. -- 长春 : 吉林教育出

版社, 2024. 9. -- ISBN 978-7-5734-3458-6

Ⅰ. G76

中国国家版本馆CIP数据核字第2024Y4R978号

做幸福的特教人　　　　　　　　　　　　　　　　　　　高 飞 著

责任编辑　贾　爽　　　　　　　　　　　　**装帧设计**　言之凿

出版　吉林教育出版社（长春市同志街1991号　　　邮编　130021）

发行　吉林教育出版社

印刷　北京政采印刷服务有限公司

开本　710毫米×1000毫米　1/16　**印张**　14.25　　**字数**　231千字

版次　2025年3月第1版　　**印次**　2025年3月第1次印刷

书号　ISBN 978-7-5734-3458-6

定价　58.00元

梦想伴我成长

每个人都有理想和追求，都有梦想。我从小也有一个梦想，那就是长大以后能够成为一名光荣的人民教师。我的这个梦想虽小，却一路陪伴我成长，激励我前进。

还记得刚上幼儿园时，是爸爸送我去的，周围的小朋友见到家长要走有的拽着大人的衣角，有的在地上打滚，还有的就直接搂着父母不愿落地，呜呜哇哇的"抗议声"颇为壮观。而我却被幼儿园里的一切深深吸引着：可爱的墙贴、精致的积木、稀奇的玩具，最让我欢喜的是接待我们的李老师是那么的活泼可爱、平易近人，她像魔术师，给我们变稀奇古怪的魔术；她像演员，生动形象地为我们表演人间的喜怒哀乐；她像歌唱家、舞蹈家，能边歌边舞，让人赏心悦目。就是这位多才多艺的李老师让我一下子就喜欢上了幼儿园。我是为数不多能挥手和家长告别的孩子，因为太想去探索神奇的一切，我高高兴兴地牵着老师的手走进了这个新的乐园。在幼儿园，我度过了一段无忧无虑的美好时光，难忘并充满着幸福的色彩。幼儿园毕业时，我一本正经地对妈妈说："妈妈，长大以后我也要做一名幼儿园老师。"提起这事，妈妈总会笑话我，那么小说话就像个大人似的。也就从那个时候起，我的心里埋下了梦想的种子。

怀揣着这颗梦想的种子，我进入了小学。如果说幼儿园的老师像活泼可爱的大姐姐，那么小学的老师就像和蔼可亲的妈妈，用各种方式让我们学习知识，认识世界。在老师们的循循善诱下，我学会了看各种童话故事书，在书中我又看到了另一个美丽世界，有善良的白雪公主，有坚强的美人鱼，有机智的一休哥……小学五年级时，我遇到了影响我一生的好老师——朱老师。从小贪玩的我，学习成绩"一边倒"，可能是因为爱看课外书，我的作文写得稍微好一些，偶尔还被老师当作范文读一读，其他科目成绩都是班级里"拉后腿"的。这位朱老师发现了我的这一特长，就以此为契机，经常在班上表扬我，并鼓励我把其他科目的学习也补上来！朱老师的重视和鼓励，培养了我的学习上进心和"生命不息，奋斗不止"的斗志，过了半学期后，我的学习成绩就追到了班级中上游，到五年级学区联考时，居然取得了全学区第二名的好成绩。我知道这一切都归功于朱老师的正确引导，让原本迷茫的我找到了前进的方向。很可惜，六年级时，朱老师就调走了，但他对我的影响却延续到现在。朱老师调走后，我更加坚定地对妈妈说："长大后，我要做一名像朱老师一样的好老师。"

很幸运的是，我的读书生涯遇到的都是一些优秀的教师，他们的一言一行都影响着我，激励着我。我告诉自己，一定要好好学习，将来成为一名知识渊博、受学生喜爱的好老师，把自己所学的知识全部传授给那些有追求、肯努力、有梦想、好拼搏的学生。

如今，我也成了一名光荣的人民教师，也许你会说我的梦想终于实现了。我想说，我只是实现了儿时梦想的第一步，因为我还要做一名"好"老师，今后需要走的路还很长。与普通教师不同的是，我是一名特殊教育学校的老师，我的教育对象是一群生活在无声世界里的聋哑儿童。面对特殊学生，我要用更多的爱去呵护他们，让他们不再是社会的负担和累赘，而是能够成为社会的参与者和建设者。现在，我想对我的学生们说："我现在最大的梦想就是做一名特殊教育学校的好老师。"在今后的教师生涯中，我将以此激励自己，并努力实现梦想。

目录

叁

第三辑

幸福的教学成长

肆

第四辑

幸福的源泉力量

（壹）

第一辑

幸福的成长之路

抓住机遇，乘势而上

——"三个一"的故事

2007年大学一毕业，我就来到了阳江市特殊教育学校，在这里一干就是16年，对于学校，我的内心是充满感激的。当我还是一个初出茅庐的愣头青时，是学校给予了我包容，给予我敢于拼搏的勇气和力量。正是在学校的大力培养下，才有了后来的我，当然这个过程离不开同事们的帮助与指导，离不开自己的坚持不懈和努力。

我坚信机会是要靠自己去把握的，当学校发出一份比赛通知时，你可以选择继续优哉游哉，无视躺平，也可以选择抓住机会，努力去拼一把，不管结果如何，至少你曾经努力过。在我的成长过程中遇到过三个比较重要的选择，这就是我要和大家分享的"三个一"的故事。

一、2008年的一篇论文

2007年9月开学的第一学期，对于我们来说是手忙脚乱、摸爬滚打的半年，就在我们感觉稍微适应的时候，一份全国特殊教育学会论文评比的通知出现在我们面前。这是一份面向全国特殊教育学校的老师发出的一份通知，在那个信息流通并不顺畅的年代，能够收到这样一份比赛通知，学校非常重视，鼓励我们积极参加。

可对于刚有半年工作经验的我们，写论文还是一件难事。虽然大学毕业时，也写过毕业论文，但那时是在指导老师的反复修改下，历经一个多月才完成的。现在，没有人指导，单靠自己解读文件要求，写出一篇参赛论文来，我还是退缩了。问问周边的同事们有没有参加的，大家都摇摇头，全国参评，太难了，写出来也没有什么竞争力。于是我也跟大家一样，不再去想这件事。

就在我们都以为这件事就这么过去的时候，校长对大家说："按照文件要求，获得一等奖的老师，可以去长沙特殊教育学校参加现场研讨会，到时候可以见到全国各地著名的特教名师，你们不心动吗？""要获一等奖才能去，我们怎么可能获一等奖呢？"老师们小声地嘀咕着。校长似乎明白了大家的顾虑，马上宣布："只要你们参加获奖，不管是不是一等奖，我都带你们去现场参加研讨会。"听了这话，老师们都乐开了花，但很快又有老师退缩了："还是要写论文才行啊，真是写不出来啊。"此时的我，在心里暗下决定，有这么好的学习机会，我得把握住。

于是，我开始查找资料，反思我在这半年里的教学经历，看看有哪些可以作为素材加以利用。"万事开头难"，纠结了好几天，我终于动笔了。当时教的是五年级，我就把聋校的阅读教学和这次论文评比的主题"美育"结合起来，从阅读的不同阶段阐述如何在聋校阅读教学中渗透美育。有了想法，列了提纲，写起来倒也顺利。成型后，反复修改了几遍，赶在截稿日期前将论文交了上去，接下来就是漫长地等待。

正当大家在忙碌的教学工作中慢慢淡忘此事时，主办方来了反馈，我们学校有一位老师获得一等奖，两位老师获得二等奖，一位老师获得三等奖。而我获得了二等奖，虽然不是一等奖，但已经很开心了。校长也信守承诺，带着我们四位获奖老师驱车前往长沙参加现场研讨会。这也是我工作以来第一次参加这么大型的学术交流活动，现场我们遇到了林宝贵、朴永馨等特教名师，还有全国各地优秀的特教教师，观摩了几节高质量的课堂展示，这些对我们来说，真是太宝贵的学识财富了。

活动结束后，我在反思，正是因为我们这几位老师的坚持才能有机会去参加学习，机会是要靠自己把握的，只有自己把握住了，这个学习机会才会属于自己。同时，这次的经历，也让我对论文写作没有那么的畏惧，作为一线教师，我们在教育教学过程中要不断总结反思，发现问题解决问题的过程就是论文形成的过程。

二、2009年的一节全省公开课

一次论文比赛获奖，让我开心了好久，也让我对工作更有动力。突然有一天，学校又收到了广东省特殊教育专业委员会发来的一份通知，要在全省组织一次听障阅读教学研讨会，每所学校可以申报一至两个课例参赛，获奖的老师还有机会进行现场课堂展示。对于此时只有一年多教学经验的我来说，这又是一次挑战。

为了选拔出适合参赛的老师，学校首先在校内进行一次课堂教学比赛，最终我和另一位老师获胜，有机会参加省赛。虽然在学校获胜了，但想在省赛中获奖，这节课还要反复打磨，不管是课件制作，还是课堂设计，都要进行修改，力争做到最好。为此，学校召开了几次教研活动，针对这节课，几位经验丰富的教师提出了很多宝贵的意见，我也在大家的帮助下反复修改。其间，也有想过退缩，干脆让另外一位老师录课好了，我就不要录了，但咬咬牙还是坚持下来了。录课那天，还算顺利，一遍就完整地将一节课录制完成了。这也是我人生中第一次录制课堂教学实况，虽然紧张，总算完成了。课例提交上去后，我也就没再想这事，重在参与，只要自己坚持下来了，也是一种进步吧。

过了一段时间，比赛结果出来了，我获得了二等奖，还要去佛山启聪学校进行现场教学展示。哇，这对我来说既兴奋又煎熬，去现场上课？借班上课？面对全省的老师上课？想想都害怕。既然任务来了，那我就要好好准备，把之前的录像课拿出来再看看，哪些语言可以更精练，哪些环节可以更完善，哪些板书还可以改进，课件方面是否还可以更清晰美观。

做足了准备后，我们一行人来到了佛山启聪学校，为了能够更加顺利地完成展示，现场展示前一天晚上我来到了佛山启聪学校的教室里，熟悉一下借班上课的学生，了解手语方面有哪些差异，及时调整，还好这班的学生很热情，反倒安慰起我来，叫我不要紧张，他们会认真上课的。学生们坚定的眼神让我对上好课有了信心。

正式上课了，说不紧张肯定是骗人的。我努力调整好呼吸，慢慢地进入课堂中去，当自己真正享受当下的课堂时，好像真的没那么紧张了，也算是顺利完成吧。在课后的评课环节中，各地市的优秀教师们给我提了一些意见，这些都能帮助我今后更好地开展课堂教学。

这次的经历很难忘，跟2008年那次论文比赛不一样，需要我有更大的勇气站在讲台上，面对不熟悉的学生，面向全省优秀的老师们进行课堂展示。这对我的成长也是一次很好的激励，有了这次经历，后面学校再让我上公开课，我感觉自己的底气会更足一些，毕竟是见过大世面的人嘛！

很多年以后，我以为大家都忘了这节课，2021年省级名班主任工作室成立以后，我的一位网络学员跟我说："高老师，其实我2009年就听过你的课，那时的你就很厉害！"没想到还有人记得呢！

三、2010年的一次班主任技能大赛

有人会好奇，一名特教老师为什么后来会和普校的班主任工作有那么多的联系？这和我2010年参加的一次班主任技能大赛是脱不开关系的。

2010年，我已有快三年的工作经验，因为有了几次参赛的经历，在学校收到关于全市班主任技能大赛的通知时，就问我有没有兴趣参加。其实我当时是一脸懵，这个比赛到底是比什么的，还是跟普校的班主任比，我可以吗？又是一次选择，也许是"初生牛犊不怕虎"，我还是接下了任务。

细读文件，这次比赛共分为四个环节：教育故事叙述、情景答辩、主题班会设计、无领导论坛。在此之前我对这个比赛一无所知，也没有观摩过省赛，没有人指导，这可怎么办？那时候的网络资源还没有现在这么丰富，我也不知道从何准备起，那就先做可以准备的吧。于是我着手写教育故事，故事定稿后，请何校长帮忙看，也请他指导该怎么讲好这个故事。其他三项比赛内容也是做了一些简单准备，想想那时候心真大，这样就去参加比赛了。

比赛当天还是很紧张的，抽签居然抽到了1号，心里默默劝自己重在参与，总算顺利完成了比赛。结果是小学组第四名，看看前三名，他们确实厉害，不管是临场表现的气场，还是答题的思路，都很有风范。虽然没有取得好成绩，但却令我大开眼界，也让普校的班主任们对特教班主任的工作有了一定了解，同时也是一座连接桥，这次比赛后，普校班主任的活动基本都会涵盖特校了，在此之前，很多普校班主任的活动我们都是没有机会参加的。

也就是这次比赛的体验，让我更加关注特校该如何上好主题班会课，遇到学

生突发问题时，我们该如何按照步骤有条不紊地去处理。同时，也让我有机会与更多优秀的班主任一起学习，也为我后来加入省级名班主任工作室奠定了基础。

这就是"三个一"的故事，每一次都是选择，每一次都是成长。为什么和大家分享这三个故事呢？就是想通过我的经历让年轻老师明白一个道理，机会面前人人平等，要想突破自我，就要大胆地去把握机会，任何成功都不是别人给予的，是需要自己付出努力去争取的。我是幸运的，也是幸福的，有学校这么一个强大的力量做后盾，让我在前进的路上更加坚定，更加自信！

牵手共进，幸福成长

——我与工作室的故事

我的幸福成长肯定离不开工作室的培养。每次和人分享成长经历时，总会提到我与工作室的缘分。

2012年，广东省教育厅开始筹建名班主任工作室，成立了第一批名班主任工作室，而我非常幸运地成为这第一批工作室的学员。2012年5月，我加入了广东省杜巧名班主任工作室。到现在我还记得当时学校来征求我意见的情景，正如前面"三个一"的故事中讲到的，因为一次市班主任技能大赛，我和普校的班主任结缘。那是一个下午，快要下班了，彼时我已经怀孕8个多月，挺着大肚子在校园里和学生们聊天。当时是向校长来找我的，说是教育局分配给我们学校一个名额，可以加入省级名班主任工作室，问我有没有意向。一开始我也不知道加入工作室会怎么样，但校长说按照文件要求，我非常符合要求，主要考虑我的身体状况，所以要问问我的个人意愿。虽然不知道加入工作室后会怎么样，但当时就是觉得应该挺厉害的，毕竟是省级的。我没有立马给出答复，想着还是回家和爱人商量商量吧。没想到爱人非常支持我加入，说是有这样和优秀班主任们学习的机会还是要好好把握，就这样，我填了申请表，经过双向选择，我顺利加入了杜巧老师的省级名班主任工作室。

同年7月，我生大宝。在这个特殊的时期里，我克服多方困难，在杜老师的带领下对"班主任"有了全新的认识。我是特教学校的班主任，工作室里有且只有我一个特教班主任，又是工作室里年龄最小的，在一批优秀的普校班主任的指导下，我快速成长起来，成为学校的骨干班主任。也正是在工作室的培养下，

2015年5月，我从学员升级为成员，加入了广东省周雪燕名班主任工作室。2017年，在阳江市教育局的高度重视下，在阳江市特殊教育学校、阳春市启智学校、阳西县特殊教育学校、阳东区培智学校四所学校的领导和老师们的支持下，成立了市级高飞名班主任工作室，从此特教班主任有了一个属于自己的新的集体。

2017年6月30日，在阳江市省市名班主任工作室工作会议上，举行工作室授牌仪式，并颁发工作室成员、学员证书。我也是挺着孕肚领的这块工作室牌匾。这个牌匾对我来说既是一份荣誉，又是一份责任。为了更好地开展工作室的活动，我们做了很多前期准备工作。根据教育局对工作室的统筹安排，我们进行了工作室制度建设、分作管理、作业规范等工作。按照学校要求，我们把工作室分为四组，每组选出一位小组长，由组长作为工作室联络人，具体实施开展工作室活动。2017年7月，在华中师范大学，召开了工作室第一次全员会议。本次会议，宣布了高飞工作室分组管理及制度建设，布置工作室下半年工作安排并聆听华中师范大学专家讲座。

2017年9月，经过学校行政会议，初步确定工作室的选址——和启聪部教学楼一楼团队活动室合为一室，并做到制度上墙，将工作室成员、学员情况简介上墙。工作室还在此设立了图书角，图书角的书籍主要由学校提供，由班主任专业书籍、特殊教育类专业书籍及绘本图书组成，为工作室平时开展教研活动提供了一个舒适的场室。

那两年，我们始终本着让班主任工作室成为"研究的平台、成长的阶梯、辐射的中心、师生的益友"的宗旨，充分发挥名班主任的辐射作用，打造"特教班主任专业成长的孵化基地"，进一步扩大特教班主任的"朋友圈"。工作室通过开展多种形式的学习、培训、研讨等实践活动，有效地促进了特教班主任队伍的专业引领，最终落实到"办人民满意的特殊教育，更好地为特殊孩子和家长服务"这一中心目标中来。新的平台，新的起点，大家牵手成长，共同研修，为阳江的特殊教育做出了应有的贡献。2019年工作室期满考核中，被评为优秀工作室，我也被评为优秀主持人。

2021年5月，我有幸成为广东省名班主任工作室的主持人。

我很庆幸2012年时没有因为怀孕而放弃加入工作室，正是那一年的坚定，才有了后来的一路成长。这一路走来，有太多要感谢的人，感谢工作室这个平台成就了许多像我这样默默耕耘在一线的班主任。现在，我也想和我的学员们一起牵手共进，让他们回首来时路，也能庆幸曾经走到一起，曾经加入工作室。

成为省级名班主任工作室主持人之后，每次参与主持人团队培训时，总感觉学习对自己都是一种心灵的震撼，尤其是和全省那么多优秀的班主任的学习培训，我一边学习，一边思考，对焦自己的班主任工作、工作室工作，有启发、有共鸣，当然还有很多需要改进的地方。

一、"镜"——明镜修身

"常照明镜，方能修身"，以优秀的人为镜子，多照此"镜"去发现自己的不足，进而改之，达到修身正己的目的。以优秀的主持人们为镜子，反观自己的工作，让自己不断改进。

（一）调整目标，再出发

在聆听优秀主持人作工作室建设汇报时，我以他们为"镜"，来审视自己工作室建设的情况。作汇报的主持人都非常优秀，工作室开展了大量的活动，以此来培养工作室的学员，辐射引领区域班主任队伍的发展。每个工作室都有自己的特色，有自己的培养目标和培养方法。反思自己，我提出工作室的特色是"小绘本，大德育"，在此特色基础上思考有没有帮助学员成长，有没有条理清晰的培养目标和方法；省工作室管理办法中要求我们完成的，我们是否都已完成，我们还要对标，反复找出不足，加以改进。

（二）寻找不足，突破自我

谈到如何调动工作室学员的积极性时，我感觉很幸运，工作室的学员积极性都很高，每次活动都能认真对待。除了任务驱动和效能驱动以外，工作室更多的是情感驱动，我们处在一个积极向上、充满爱的大家庭里，每一位成员都想着工作室越来越好，劲往一处使。同时，作为主持人的我坚持以身作则，要求学员做到的，我首先要做到，给大家起到一个模范带头作用，让大家感觉到工作室涌动着一股催人奋进的力量，这样每个人的积极性自然会很高。

工作室也是一个年轻的团队，大家都有很大的提升空间，我也想借助多方力量，让学员们都能够有最大限度的提升，至少不枉费大家在工作室这三年时光。记得学员朱老师说过，她加入工作室以后，才有机会站在大舞台上展示自己，才有机会为了上好一节主题班会课那么多人帮忙一起出谋划策，她把很多第一次都给了工作室，在工作室中有种力量催着她向前，想不努力都不行。听到这样的表白，我感觉成立工作室的意义更加突出了。我也将不改初心，继续带领好团队朝着更好的方向发展。

谈到如何协调自身工作时，工作室的学员也问过我："高老师，你每天那么多事，又没有人帮你带小孩，你是怎么协调工作和家庭的？"我庆幸的没有像大多数主持人那样身兼行政要职，我是单纯的一线教师。我一般带两个班的语文兼任一个班的班主任，除了工作室主持人身份以外，还要负责两项省级课题和一项省级精品课程。工作上，我合理规划时间，将工作效益最大化。我告诉自己做什么事情不能拖，而且要讲究方法，能同时进行的尽量同时进行，对事情进行轻重缓急排序，每天定任务，细分到每个时间段，做到劳逸结合，动静工作混着做，这样就能缓解长时间对着电脑的不适。关于带娃，我也像沙老师说的那样，一般都是把娃哄睡了再起来干活。看到优秀的主持人背后都有那么多的付出，我们有什么理由不更加努力呢？

以优秀的人为镜子，在照镜子的过程要勇于发现不足，勤于反思原因，善于改进自我。

二、"静"——宁静致远

学习是件需要安静的事，我们只有平稳心态，不为杂念所左右，静思反省，才能实现更远的目标，才能厚积薄发，有所作为。我们只有静下心来，不断学习，充实自己，才能给学生更好的教育。

（一）做新时代的"大先生"

新时代，教育改革持续深化，面对新的形势、新的环境、新的任务，教师如何定位？当具备怎样的能力？周峰教授说我们要做一个新时代的"大先生"。

新时代的"大先生"，不仅有知识，更具有国际与本土兼融的视野，五育融合和学科育人的智慧。正如习近平总书记所说："自己所知道的必须大大超过要教给学生的范围，不仅要有胜任教学的专业知识，还要有广博的通用知识和宽阔的胸怀视野。好老师还应该是智慧型的老师，具备学习、处世、生活、育人的智慧，既授人以鱼，又授人以渔，能够在各个方面给学生以帮助和指导。"越是这样，我们就越要静下心来好好学习，认真研究，探索出更适合新时代学生的教育之路。

（二）牵手相伴，幸福成长

工作室为我们提供了一个共同学习的平台，独行速，共行远。在这个大家庭里我们牵手相伴，共同进步。就像《牵手》这首歌里唱的一样"因为爱着你的爱，因为梦着你的梦……"我们要静下心来，从学生成长的角度，进一步加强对理论政策、法律法规、教育学、心理学、班级管理和生活百科知识的学习，不断武装自己、美化自己、提升自己。我们要静下心来，转时态、转语态、转姿态和转心态，做一名有理论高度、有视野深度、有专业宽度、有生活风度、有学生温度的班主任。我们要静下心来，专注地去做好该做的事，躬身入局、主动出击，才能得到"心流"的幸福体验。

回首我的班主任成长之路，遇到了很多贵人，杜巧老师、周雪燕老师、李芬爱老师……是他们带着我走进班主任工作室，让我在这样一个有爱的大家庭里不断成长。

"与优秀的人在一起，去做有价值的事，让自己拥有更好的一生。"与工作室的每一次结缘都能收获满满，接下来，我要将所学知识运用到工作中去，带着爱、带着期待，再出发！

融合创新，协同共进

——以班主任工作室为平台，辐射区域普特班主任协同发展

广东省高飞名班主任工作室目前是广东省第一个也是唯一一个特殊教育类名班主任工作室，工作室入室学员涵盖阳江、云浮、茂名、韶关、肇庆等省内9所特殊教育学校共11名班主任。网络学员来自全市中小学名班主任工作室学员及省内特殊教育学校部分班主任，共153人。三年来，工作室通过"五项基础建设"促工作室发展，"十项举措"促班主任专业能力提升。

一、五项基础建设，促工作室发展

（一）人员建设

作为工作室主持人的我一直奋斗在班主任工作一线，有16年的班主任工作经验。先后荣获全国特教园丁奖、广东省特级教师、南粤优秀教师、广东省最美教师、广东省特殊教育学校优秀班主任、阳江名师、阳江市优秀班主任、阳江市直机关优秀共产党员等称号。丰富的教育教学经验，为我奠定了带好工作室的基础。

我们工作室由三部分成员组成：一是工作室专家成员。工作室教研员，阳江市教育教学研究院黄举泮院长；工作室理论导师，广州市教育研究院高珂娟教授；工作室顾问，阳江市教育局德育专干周雪燕老师；工作室助手，阳江市特殊教育学校陈祎、陈颖两位老师。每位专家都有自己擅长的领域，对工作室的发展起到了很大的促进作用。二是工作室入室学员。阳江市特殊教育学校项日老师，阳江市江城区特殊教育学校戴锦莹老师，阳江市阳东区培智学校李丽雪老师，阳

春市启智学校杨敏老师，阳西县特殊教育学校陈文舒老师，茂名市特殊教育学校朱凌云老师，韶关市特殊教育学校刘婷老师，云浮市特殊教育学校廖林梅老师，封开县特殊教育学校侯建英老师。来自各个特殊教育学校一线的优秀班主任们聚集在一起，大家共研共进，互学同行。三是网络学员。来自全省普通中小学和特殊教育学校共153名班主任。这三部分成员组成了我们工作室这个大家庭，相信在大家的共同努力下，我们一定会将工作室办得越来越好，帮助到的学生和家庭也越来越多。

（二）制度建设

"制之有衡，行之有度""没有规矩，不成方圆"，制度是一切管理的基石和保障。2021年度工作室根据《广东省中小学名教师、名校（园）长、名班主任工作室的管理办法》文件要求，制定了《广东省高飞名班主任工作室建设制度》《广东省高飞名班主任工作室分组管理制度》，并在工作室第一次集中跟岗研修活动中提交工作室学员会议讨论通过，最终形成了定稿。制度中明确了工作室的理念、目标，培养方向与措施，工作室特色建设，工作室人员职责，后勤保障制度，考核评价制度，分组管理制度等。特别是工作室人员职责方面，工作室制度为学员们指明了方向，明确了在工作室研修的三年里自己需要参与的活动和完成的任务，更有目标性，助力学员成长。

（三）场地建设

2021年5月，经过学校行政会议，确定工作室的选址——启聪部教学楼四楼录播室，并做到制度上墙，将工作室成员、学员情况简介上墙。工作室还在此设立了图书角，图书角的书籍主要由工作室精心挑选，由班主任专业书籍、特殊教育类专业书籍及绘本图书组成，为工作室平时开展教研活动提供了一个舒适的场室。

（四）理念建设

融合、创新、协同、共进是工作室的理念。

融合：工作室是全省唯一一个特殊教育类名班主任工作室，但网络学员包含了阳江市市级工作室的所有学员，是一个特校班主任和普校班主任大融合的工作室集体。

创新：工作室将在市级工作室的基础上不断创新，将绘本引入德育工作中来，架起普校班主任和特校班主任教研沟通的桥梁。通过"小绘本，大德育"活动的开展，把绘本和班级文化建设结合起来，在班级文化建设上走出一条新路子。

协同：在开展班主任专业发展活动中，协同联动助力工作室学员一起进步。通过线下观摩和线上案例研讨相结合，全局整体规划和分区域发展相结合，内部自主提升和区域培训提高相结合，各方面协同发展。

共进：工作室为大家提供了一个共学、共研、共成长的平台，我们将充分发挥平台的作用，让每个参与工作室建设的人员都能有所收获，有所成长。

（五）目标建设

工作室的总体目标就是搭建一个特教班主任与普校班主任学习交流的平台，培养一批理想信念坚定、专业理论扎实、育人水平高超、科研能力突出的名班主任，凝练一批优秀教育教学科研成果，引领、带动工作室辐射区域教育质量提升。作为省级名班主任工作室，我们将带动和辐射市级、县（区）级到校级，形成一个梯度辐射网，让工作室的作用发挥到最大化。

二、十项举措，促班主任专业能力提升

（一）示范引领，助力成长

2021年10月20日，工作室揭牌活动暨第一次跟岗研修活动在阳江市特殊教育学校举行。阳江市教育局副局长卢荣存，阳江市教师发展中心主任、市教育教学研究院院长黄举泮，广州市教育教学研究院特殊教育研究室教研员高珂娟，阳江市教育局德育专干周雪燕，阳江市特殊教育学校校长何文韬，各县（市、区）特殊教育学校校长、教师代表，高珂娟名教师工作室学员代表和高飞工作室全体学员参加了活动。

1. 主持人示范

（1）工作室内以身作则

自2021年7月工作室授牌后，共举行了9次跟岗研修活动。在跟岗研修活动中，作为主持人，我以专题讲座、优秀课例、读书分享、一对一辅导等形式给予学员指导示范。先后开展了专题讲座"小绘本，大德育——如何借助绘本进行班级文化建设""勤于实践，善于凝练——以《绘本阅读在聋校语文教学中的研究

与应用》为例如何进行课题成果展示""班会课，我们该如何上""如何更好地运作工作室公众号""班级管理中的心理效应"等多次讲座；带领学员观摩了由我执教的"小绘本，大德育"系列活动优质课例"三只小猪的真实故事""长大以后做什么""爸爸的秘密"等；指导学员制定三年个人发展规划；在学员展示公开课前，从教学设计、课件等方面进行一对一指导，帮助学员们展示更好的自我。

（2）工作室间分享交流

除了在工作室内部开展专题讲座外，我还对外进行专业分享，如在东莞市钟雪松名班主任工作室、韶关市刘婷名班主任工作室、阳江市阳东区培智学校李丽雪名班主任工作室等开展专题讲座；在与广东省陈振东名班主任工作室、广东省马善波名教师工作室等联合研修活动中作工作室建设经验分享；在广东省名班主任工作室主持人团队培训活动中参与论坛研讨活动，进行主题发言等。

（3）区域内辐射引领

同时我还积极参与阳江市班主任专业能力培训活动，以工作室平台承办市级培训、比赛等活动，参与班主任技能大赛赛前辅导以及备赛工作，连续几届担任阳江市班主任技能大赛评委等。参与省市级德育课题开题、中期、结题论证会等。

2. 专家引领

为了让工作室开展更有方向性，我们成立了专家团队。专家团队由教研员、理论导师和顾问组成，我们还热情邀请省内德育专家以及特殊教育专家等。在强大的专家成员队伍的带领下，工作室必将蒸蒸日上。线下研修活动先后邀请专家进校，开展专题讲座，帮助学员在课题研究、讲好教育故事、特殊教育专业成长等方面有所提升。先后聆听了黄举泮院长的"以课题研究为导向，如何开展教研活动"，高珂娟教授的"特殊教育学校班级管理"，周雪燕老师的"拥抱情绪"，何文韬校长的"讲真话、叙真事、抒真情"，梁军磊副院长的"如何做好课题结题工作"，马善波副校长的"特殊教育学校班级管理"，沈光银老师的"特殊教育学校生命教育基地和幸福教育基地建设的基本路径"，陈翠银主任的"培智学校学生问题行为的分析与干预"，陈祎老师的"学习一直在路上"等专题讲座。同时，我们还邀请殷丽萍教授进行线上指导，就班主任专业能力大赛应赛技能与技巧进行专题讲解。

（二）学员展示，助力共进

融合、创新、协同、共进是我们工作室的理念。工作室是一个助力学员成长的平台，要创造机会让学员展示自我，达到协同共进的目的。经过工作室的三年培养，目前陈祎、刘婷两位学员成立了市级工作室，李丽雪、杨敏、戴锦莹、陈文舒成立了校级工作室，实现了工作室"省—市—校"的梯度发展。

1. 成长经验分享到专题讲座

每一次的线下研修活动，工作室都有一个必选动作——班主任成长经历分享或班级管理经验分享，就近期自己在班级管理等方面取得的成效及遇到的困惑和大家进行分享。每次分享做到有主题、有课件、有反思，截至2022年6月，工作室11位入室学员都进行了第一轮分享展示活动。第二轮分享以微讲座或专题讲座的形式开展，在原来的经验分享的基础上，总结提炼，形成具有个人特色的理论高度和实践总结，帮助学员们在总结过程中反思，在反思过程中成长。

三年来，学员累计开展讲座54场次。其中省级6次、市级27次、区县级1次、校级20次。2023年8月，刘婷老师在广东省教育研究院组织的活动中进行"以赛促思，共享成长"主题分享。2022年12月，朱凌云等多位学员在广东省中小学德育研究与指导中心组织的高飞工作室成果汇报活动中进行主题分享。其间，学员朱凌云、刘婷、戴锦莹、侯建英、廖林梅参加阳江市教育局组织的"阳光家庭微课堂"活动，面向阳江市班主任群体分别以"如何感谢老师""'喜迎二十大，传承好家风'——家庭教育中的家风建设""新萌娃新开始——一年级新生入学心理调适攻略""构建良好家校共同体——发挥家长影响力的四项'微'行动""如何过有意义的传统文化节——中秋节"为主题主讲系列讲座。

2. 课例打磨，协同共进

以教促研，为了让学员们更好地开展主题班会课活动，每次线下研究活动，我们都会邀请几位学员进行主题班会课展示。通过集体备课、磨课，让学员对主题班会课该怎么上有了清晰认识；通过课堂展示，帮助学员更好地把握课堂；在评课过程中，同伴互助，反思总结，协同共进。在9次跟岗研修活动中，11位学员均已经进行过课堂展示，他们从学生行为习惯养成的多个方面进行了讲解，让学生在主题班会活动中，拥有养成良好行为习惯的意识。同时，学员也在积极进行"小绘本，大德育"系列主题班会课的探索，选用主题性绘本开展教学。

在课例打磨的基础上，我们带着"优课"开展送教活动，助力送教学校协同共进。三年来，学员送教44次。其中省级4次，市级3次。刘婷老师参与了2022年广东省特殊教育内涵建设示范项目、精品课程建设项目推广暨"送教下乡"活动。陈祎参与了广东省中小学"百千万人才培养工程"特殊教育名教师培养项目。成员参与对口粤东粤西地区引领示范教研帮扶活动，以及广东省中小学"百千万人才培养工程"省级培养学员走进乡村教育活动。

3. "一二一"培养模式——学员二次分享

为了扩大工作室的辐射作用，我们还采取了"一人学习，二次分享，辐射一批"的"一二一"模式。工作室的每位入室学员，在参加跟岗研修活动后，回到各自学校，都会把学习内容和心得进行二次分享，让工作室的辐射作用发挥到最大化。如刘婷老师在韶关市刘婷名班主任工作室中开展"拥抱情绪"二次分享，陈文舒、侯建英等学员在所在学校的班主任大会上分享"小绘本，大德育"的学习心得等，通过"一二一"培养模式，让学员所学形成内化，也让更多的班主任参与到工作室的学习当中来。

（三）送教活动，助力特色推广

在工作室全体成员的共同努力下，工作室"小绘本，大德育"之绘本型主题班会有了一定的规模，初步形成"绘本主题选择—绘本呈现—绘本活动—绘本链接生活"主题班会课模式。为发挥工作室引领示范作用，让工作室成果得以展示，促进学员专业成长，我们多次开展送教活动。在送教前，我们不断磨课上课，帮助老师以最好的状态展示自我。在课后研讨中，我们开拓思路，让送教老师们得到专业成长。例如：2021年12月，工作室走进肇庆启聪学校和新兴县特殊教育学校开展送教活动；2022年6月，工作室走进阳西县特殊教育学校开展送教活动；2022年9月，工作室走进封开县特殊教育学校和阳春市启智学校开展送教活动等，每次活动，都展示了绘本型主题班会课，助力工作室特色推广。

（四）以赛促研——教育教学比赛

为了促进工作室学员相互交流，加强教育教学反思，促进学员们的专业成长，工作室面向入室学员及网络学员开展多种形式的教育教学比赛，以赛促研，帮助学员在比赛中发现不足，提出改进学习计划，从而让自己各个方面都得以提升。例如，2021年11月，工作室面向所有学员开展教育故事征文比赛。比赛共收到72篇征文比赛稿件，评出一等奖6名，二等奖10名，三等奖30名，并将优秀文章在工作室公众号分期推送。2022年组织了绘本型班会课教学设计比赛，在活动中，让学员们更加明确绘本型主题班会课该如何开展。2023年6、7月组织了德育论文以及微班会比赛。

（五）案例分析

为了充分发挥名班主任工作室的示范辐射作用，使入室成员及网络学员凝心聚力，2021年11月开始，工作室开展线上案例分析活动，将153名网络学员分成9组，9位入室学员分别担任9个小组的组长。涉及的主题有爱国主义教育、青春期教育、感恩教育等，小组内讨论出案例材料，分享到工作室网络研修群，开展为期一至两周的自由讨论发言活动。截至目前，工作室共开展了32个主题的线上研讨活动，活动讨论结果在工作室公众号进行推送，得到了老师、家长们的关注。同时，我们还会推出假期特别节目，工作室的班主任们来支招，在亲子活动、劳动教育、防疫安全等方面给家长们一些具体可操作的建议，让孩子们在家能够度过一个充实又有意义的假期。

（六）"慧读·共进"——读书分享会

一个人的精神发育史就是阅读史。个人的智慧、思想等是需要通过阅读才能进步的。拥有良好的阅读习惯是一个优秀班主任必备的条件，因此，工作室特别注重对成员阅读习惯的培养。一是开展主题式阅读，工作室成员共读一本书，在阅读中交流感悟，在感悟中学习教育智慧。二是开展任务式阅读，要求工作室成员完成每学期的阅读清单，撰写读书心得体会，组织成员参加征稿活动等，多措并举，促进工作室成员阅读习惯的养成。工作室2021年10月开始组织开展"慧读·共进——与书为伴，阅读点亮生命"系列读书活动，通过线上线下相结合、个人自主阅读与集体研读相结合等多种形式开展活动。工作室围绕师德师风、班级管理、教育心理、课题研究等德育主题为工作室学员选择了共读书籍，并以此开展读书分享会，做到每次分享会都有中心发言人、分享总结，后期在公众号对活动进行总结推送。

（七）阳光家庭微课堂——家庭教育

为推动阳江市未成年人思想道德建设提升行动各项工作扎实开展，阳江市教育局、阳江市妇联在全市教育系统、妇联系统开展"阳光行动"系列主题活动。阳江市省、市中小学名班主任工作室联盟建立了"阳光家庭微信群"，开展"阳光家庭微课堂"主题活动。工作室积极组织学员参与到活动中去，面向全市教师和家长讲授家庭教育知识。

（八）自主研修——线上观摩学习活动

除了线下跟岗研修活动外，工作室还为学员提供多种主题的线上学习。每次学习，工作室都发送学习链接，学员们自主研修，活动结束后再在工作室微信群里发表个人学习心得，我也会积极给予点评。这种形式也让学员进行了各种主题的学习，公众号对大家的学习心得的推送也是让学员们对学习知识的内化与反思。

（九）专业能力大赛

三年来，工作室承办了市级班主任专业能力大赛以及市青年教师教学技能大赛特殊教育组决赛相关活动。在承办活动过程中，锻炼工作室学员的组织能力；在比赛中，开展学员一对一辅导，帮助学员专业发展。这两项专业能力大赛，让学员们更加感受到工作室平台给予他们学习与锻炼的机会，也让学员综合素养方面得以提升。

（十）课题研究

工作室目标中有一点是培养一批科研能力突出的名班主任，凝练一批优秀教育教学科研成果。为此，工作室共开展了三期关于课题研究的讲座，让学员们在专家的引领下，对课题研究不再畏惧。工作中，我积极鼓励学员参与课题研究，通过课题研究促进自身专业成长，形成一定的科研成果。目前工作室成员中主持或参与省级课题研究的10人次，市级课题11人次，涉及的有德育工作课题和特殊教育专业课题，教研气氛浓厚。我针对课题研究也给予大家多次指导，并鼓励大家在工作中多反思总结，从教育教学中挖掘课题来源，并踏踏实实地做好科研的每一步，最终让我们的课题研究成果更好地服务学生。

三、一路付出，一路收获

（一）成绩激励成长

三年来工作室从无到有，从刚开始的蹒跚学步，到现在各项工作秩序井然。这离不开工作室每一位成员的付出。我们努力创新，也收获了不少。我被评为特级教师；工作室学员陈颖、杨敏、陈文舒三位老师同时被评为阳江市优秀班主任。工作室助手兼学员陈祎老师，被确定为广东省"百千万工程"培养对象等。

在各类比赛中，工作室学员也能够崭露头角。陈晓敏老师，在第七届阳江市中小学班主任专业能力大赛中，获小学组二等奖；陈祎老师，在阳江市青年教师技能大赛中，获特殊教育组一等奖，并代表阳江市参加省赛；刘婷老师，在广东省青年教师技能大赛中，获特殊教育组决赛第一名；项日、陈月娇两位老师在广东省首届美育教师教学基本功比赛中，获特殊教育组一等奖等等。各项课例、论文、课件、微课等在比赛中也获得了很多奖项。

（二）媒体报道，助力推广

自工作室成立以来，各方面的工作也引起了社会的关注。媒体对我的报道有10次，学员接受媒体报道累计20次。其中省级1次、市级19次。

如2021年9月，阳江电视台《天南地北阳江人》栏目以《带孩子"飞越"无声世界》为题对我的教书育人事迹进行了报道，在节目中重点采访我未来在工作室建设方面的设想。2021年10月，《阳江日报》对工作室的揭牌仪式进行了报道。2021年12月，阳江电视台《漠阳纪事》栏目以《一个特教老师的苦与乐》为题对工作室入室学员李丽雪老师的事迹进行了报道。韶关先锋公众号对刘婷老师广东省先进基层党组织韶关市特殊教育学校党支部"两优一先"典型事迹片《爱你们》进行专题报道。2023年3月，《南方日报》、南方+以《阳江市特殊教育学校陈祎：播撒希望之种，点亮特殊学生的未来》为题对陈祎老师的事迹进行了报道。《茂名日报》以《"高凉厨娘"活动茂南赛区用匠心烹出地道高凉好味道》为题报道朱凌云老师事迹。2023年9月，《阳江新闻》对项日老师事迹进行风采展示报道等。媒体的宣传报道既是对工作室的肯定，也是对工作室的一种鞭策，我们将不断创新，提升工作室的建设水平。

另外，工作室微信公众号于2021年9月7日正式上线，借助这一平台，共推送了多期原创文章。公众号推送的内容有"小绘本，大德育"绘本推荐、绘本活动设计、绘本导读等，"慧读·共进"线上读书活动报道，线上案例分析活动推送，活动心得（包括跟岗研修活动心得、学习心得、读书心得等），优秀教育故事选登，工作室相关资讯等。公众号就像是一个窗口，将工作室的各项工作展示给大众，同时，也是工作室接受大众检验的平台。

三年来，工作室在领导的关心和支持下，在全体学员的共同努力下，乘风破浪，顺利开展了各项工作。2023年工作室期满考核中很荣幸被评为"优秀"，这是对我们过去三年工作的最大肯定。未来，我们将扬帆再起航，以此为新的起点，努力成为更好的自己，不断创新，克服现实困难，争取更大突破。

让每个孩子都拥有人生出彩的机会

——我与学生的故事

教师所有的成长，都是为了更好地服务于学生，"让每个孩子都拥有人生出彩的机会"。我注重学生德智体美劳全面发展。

学生中，苏倩瑶获得了全国最美中学生、南粤自强好少年、阳江好人荣誉称号；陈慧仪获得了广东省优秀共青团员、阳江市最美漠阳少年、阳江市优秀学生等荣誉称号；钟朝枫在广东省残运会上，获得男子乒乓球个人季军和团体冠军；唐开振在阳江市美术馆举办了个人美术作品展……

2015年，我开始带高三毕业班，至今共帮助56名听障学生考上大学。2019年蔡林秀等三位学生考上了长春大学、郑州师范学院等本科院校，创造了我市听障人士参加高考的历史。《阳江日报》以《励志"三姐妹"齐齐考上本科》为题对她们的事迹进行了报道。

为了让另一部分没有高考意愿的学生更好地适应工作岗位，每年我都要带着实习生一起进工厂，与他们同吃同住一个多月，用手语为他们讲解操作技巧，先后帮助一大批毕业生找到了合适的工作岗位，实现了"为融入社会走进来，为服务社会走出去"的目标。

2021年9月，陈慧仪在接受记者采访时说：毕业以后我将做一个对社会有用的人，通过自己的努力，让大家知道听障人士没有什么是做不到的。听到这样有力量的话，作为一名特教工作者，我深感欣慰，觉得自己的付出都是值得的。

一、以爱为引，让学生树立自我尊严

苏联教育家马卡连科说："爱是教育的基石，没有爱就没有教育。"特殊教育是"爱的教育"，是"牵着蜗牛慢步走"的教育，我们要在教育中学会等待，帮助学生撕掉残障标签，让他们树立起尊严意识。

小炯，刚出生时，和所有刚出生的宝宝一样活泼可爱，一双炯炯有神的眼睛萌化了父母的心。可随着年龄的增长，家长发现小炯有些不对劲，三岁了还不会开口讲话，对一些声响也毫无反应。有一天，妈妈发现小炯竟冲着燃放的鞭炮若无其事地走去，这下家长坐不住了，随即带他去医院检查，医生确诊他为先天性重度耳聋，这晴天霹雳的消息，让家长瘫倒在地。连续几年，家长带着他四处寻医问药，不管多远，不管多贵，只要一听说哪里有治耳聋的，他们都会不惜一切代价地去，最终在一次又一次的失望中接受了事实。

当家长把孩子送来学校时，满怀期待地告诉我，他们此生最大的心愿便是自己的孩子能像正常人一样开口说话。在常人看来，让聋哑人开口说话是很难做到甚至是不可能做到的事情，但我就是要运用专业化的教育，让看似不可能的事变为可能。为了使小炯感受到声带的振动，我让他把手背放在我的喉咙上，口对口、面对面地教，一遍不行就十遍，十遍不行就百遍，每次语训课后我的嗓子哑了，喉咙肿了，耳膜也被他的叫声震得又麻、又疼。但只要一想起家长的心愿，我便又有了工作的动力和坚持的信念。

在学校的一次"六一"文艺会演中，我以小炯的成长经历为原型，带领孩子们排练了情景剧《时间都去哪了》。表演那天，当歌曲高潮旋律响起，小炯开口大声喊出"爸爸、妈妈"的那一刻，台上的孩子们紧紧相拥，泣不成声，台下高举着手机拍照的家长早已泪如雨下，现场的每一位观众无不为之动容。第二天，《阳江日报》头版对我们的小品故事进行了报道。

节目还在阳江市教育局举办的中小学生舞蹈小品比赛中荣获二等奖，多次受邀外出表演，每一次的演出对学生和观众来说都是一次心灵与心灵的对话，心灵与心灵的提升。

如今，小炯不仅走上了工作岗位，还经常利用休息时间参加各类志愿服务活动，以自己的实际行动回报社会。

二、以心贴心，让学生以特长赢得尊重

有句名言说："上帝是公平的，他在关闭一扇门的同时，也必定打开了另一扇窗。"但我想说：上帝未必关死了每一扇门，有的也许是虚掩着的，等待着一些人推门而入。特教教师，就要发掘学生潜能，助力学生努力找到他们的特长，或者赋予他们推开虚掩之门的勇气和力量。

苏倩瑶，一个从小喜欢舞蹈的女孩，总向往着能有一方属于自己的舞台。聋人舞蹈最大的障碍在于把握节奏，没有了节奏感，舞蹈就是简单的机械动作，也就毫无美感可言。

一天下午，我路过教室，看到倩瑶趴在桌子上哭，几个学生围着安慰她。我问："怎么了？这节舞蹈课，你们怎么不在律动室跳舞呢？"旁边的同学回答："老师，今天的动作是练习托举，倩瑶因为数不准节奏摔了好几次。"我伸手摸了摸倩瑶的头问："哪里摔疼了吗？"她摇了摇头说："我是怕自己做不好，会让老师失望。"多懂事的孩子呀，我知道她这样顶着压力训练是很难完成动作的。

为了鼓励她，我目测了一下教室的窗台，想都没想，就一抬腿把脚架了上去，然后学着他们练基本功的样子使劲向下压腿。惨了，这高度已超过我这个连广场舞都学不会的"舞痴"的极限，我强忍着疼痛继续往下压腿。可表情出卖了我，大家看到我滑稽的样子，都笑了起来，倩瑶也笑了，我顺势做出快要摔倒的样子，学生赶紧上前来扶我。"看来还是你们厉害啊，我这老胳膊老腿已经不中用啦！"就这样原本还"乌云密布"的倩瑶，在我的一番"自黑"后，马上"多云转晴"了。我笑着对她说："老师相信你，只要多加练习，一定可以做到的。"

事后，我又以邰丽华等聋人舞蹈家的故事鼓励她，开展"困难面前不放弃"等主题班会课，让她明白学习舞蹈的过程必然是不容易的，同时我还积极创造条件，让她在班级或学校的各类文艺活动中发挥作用，从活动策划、节目编排到成果展现，倩瑶在我的鼓励和逐步放手中快速成长起来。

后来，那支由苏倩瑶领衔的舞蹈《争流》获得了第七届广东省特殊教育学校学生艺术会演金奖。她也因为出彩表现，被选入了广东省残疾人艺术团，成为一

名正式的舞蹈演员。2017年7月，她参演的舞蹈《心鼓》代表广东省参加第九届全国残疾人文艺会演并获得了金奖。舞蹈给予她自信，让她有了接受各种挑战的勇气，在不懈的努力下，她先后荣获"全国最美中学生""南粤最美少年""阳江好人"等荣誉称号，阳江电视台、《阳江日报》等主流媒体对她的事迹进行了报道。

我想，特教教师应该利用兴趣教学将学生特有的能力或潜在素质转化为人无我有的特长，并以此让学生获得赞赏和自我肯定，增强他们积极融入主流社会的自信和勇气。

三、以梦为马，助力学生自我尊严的提升

特殊教育的重中之重是要教育学生不能因为自己是残疾人而自暴自弃，失去自我发展的信心和勇气，特殊学生虽然身体上有残缺，但梦想不能残缺，特教教师要努力为学生插上梦想的翅膀，让他们飞得更高，梦得更远。

一天放学后，班长急匆匆地跑到办公室说："老师，小唐疯了，快去看看吧。"我还来不及了解情况，就被他拉着往教室跑。小唐正在座位上撕着什么东西，走近一看，这不是之前的试卷吗？他非常激动，连我走到身边都没有发现。我拍了拍他的肩膀，他抬起头对我说："老师，我不读书了，我要退学。"这时，班长告诉我："上周小唐测试没考好，他爸送他来学校时说了他两句，就成这样了。"我让班长先离开。

教室里就剩下我和小唐，我捡起一张语文试卷，说："这段时间你的语文进步了很多嘛，上个月才69分，昨天考了81分。看来你这是要彻底与过去告别啊，来吧，我帮你一起撕。"小唐一脸诧异地看着我，把剩下的试卷往他那边挪了挪。这时，我看到他身后的画板上夹着他刚画好的素描作业。我拿起画板，竖起大拇指说："美术老师在我面前夸你的素描越来越棒了，高考肯定不成问题。"放下画板，我又准备去帮忙撕试卷，小唐摇摇头说："老师，我不撕了。"我拿过那些试卷，翻了翻说："你看，数学、英语都进步了。我相信你，继续努力一定会成功的。""真的吗？老师你觉得我真的可以吗？"我冲他坚定地点了点头。"老师，对不起，这些试卷我会重新粘好的。"这件事以后，我总伺机表扬和鼓励他，他的学习态度有了很大的转变。当阳江日报社"圆梦有我"的记者走

进学校时，我把小唐的美术作品展示在记者面前，他们被小唐栩栩如生的绘画吸引了，在阳江市美术馆为他举办了为期一周的个人画展。看着展出的一幅幅作品，在大家的欣赏和赞许的目光中，小唐体会到了成功的快乐。

在2015年听障学生高考中，他以全省美术专业第一名的成绩考入了广州大学工艺美术专业，实现了自己的"大学梦"。

四、以情相待，让学生在一技之长中获得职业尊严

为了培养学生成为"能融入社会、服务社会的一员"，我积极引导他们接受职业教育。以在"学中做""做中学"所形成的一技之长，建立起坚定的职业自信，从内心深处发现自我存在的价值。学生毕业后我们不是又把他们送回家里，而是要把他们送到工作岗位上去，让他们以一技之长获得职业尊严。

作为学校第一届职高班的班主任，为了帮学生找到合适的工作，我跟着学校领导去过阳东五金厂，走过阳春鞋厂，访过阳西海产品加工厂……一次，我们在阳西工业园遇到了中山振杰国际有限公司的陈经理，在得知我们学生的情况后，表示愿意招收他们，我又跟着他去公司进行了实地考察。经了解，该公司也有几位聋哑员工，住宿环境安全，工作种类多，学生可以学到多种技能。回到学校，我立即召开家长会，把了解的情况告知家长，在征得家长同意后，我又送学生去到中山。为了让学生能够尽快适应工作，我毅然把10个月大的女儿交给婆婆，在中山与学生同吃同住了整整三个星期，我一边用手语翻译技术师傅传授的工作要领，一边跟着学，再手把手地教学生，直到他们学会为止。

上岗第七天，小桃开始闹情绪，她想回家了。这种情绪很快就蔓延开来。毕竟第一次远离家乡，学生初到时的那股新鲜劲儿早就消失了。为了安抚学生的情绪，我一方面联系家长，让他们通过手机与孩子视频通话，鼓励孩子安心工作；另一方面，我让那几位在这工作了有四五年的聋哑员工来个"现身说法"，给予学生榜样的激励。直到学生都熟悉并适应了自己的工作，我才回到阳江。

学生刚去的那半年，我每个月都要抽出两个周末的时间去中山看看他们，了解他们的工作状态和生活情况，及时为他们排忧解难。公司的门卫叔叔，每次看到我去都会笑着说："高老师，你又来啦！学生都毕业了，你还这么有心。"我答道："谁让我是他们的老师呢。"在公司年度表彰活动中，刘再炯和钟朝枫都

被评为"优秀员工"并获得500元奖金,当家长告诉我这个好消息时,我高兴得眼泛泪花,看到他们生活过得好了,我也就安心了。

就这样,我在特教工作岗位上已经走过了16个年头。16年来,我所带的学生获得了全国、省、市各级各类荣誉,所带班级连续三年高考升学率达100%。帮助一大批学生顺利融入社会,服务于社会,让他们不再是家庭和社会的负担,而是和谐社会的参与者和建设者。

做家长和孩子的"连心桥"

——我与家长的故事

　　由于沟通障碍，特殊孩子和家长在交流中容易产生表意的偏差，有时家长一着急，本来的好意会被孩子理解成父母的嫌弃。家长经常会说："老师你帮我跟孩子说说吧，我实在没有办法与他沟通。"此时，我就成了连接学生和家长心灵的沟通桥梁。作为特殊学校的班主任，要在家长和孩子之间搭起一座"连心桥"，让家长更好地参与到孩子的教育中来，让孩子懂得感恩父母。

　　一天早上，我收到小陈妈妈的微信：高老师，我真的不知道怎么和女儿沟通了。因为写日记的事情，今早我们又吵了一架，她自己摔门而去，不知道有没有到学校。我现在不管跟她说什么，她都不理我。这段时间，小陈因为日记问题总是和妈妈发生争执。像这样的"求救"信息或电话，我已经收到过好几次了。

　　我一进教室，小陈一脸严肃，她猜到妈妈又和我告状了，不乐意地和我来到办公室。我还没有问，她就主动说："老师，我妈每次看我写的日记直接对我伸出小拇指，我讨厌我的妈妈！"孩子的世界是多么单纯啊，对他们竖起大拇指就是"好"，而小拇指代表的是"差劲"，具有嫌弃和鄙视的意思。然而家长往往与孩子一言不合就简单粗暴地对孩子以小拇指相见。我说："你自己跑出来，妈妈很担心你，她问我你有没有到学校呢。妈妈向你伸出小拇指可能是无意的，她着急你的学习，但老师相信只要你坚持写，一定会越来越好的。"

　　我一方面让小陈明白并接受妈妈的爱，另一方面和小陈妈妈私下联系，让她意识到自己过于急躁和欠妥的表达方式给孩子带来了压力。为了鼓励她，我把她写的好句、好段整理成篇，拍照发在微信朋友圈，只要一有人点赞就给她看，

"朋友圈"点赞的人越来越多，鼓励和赞赏的评价也越来越多，小陈看到这些不好意思地露出了笑脸，说以后要更努力地学习写作。我还把"朋友圈"点赞截图发给小陈的妈妈，让家长看到大家对她孩子的认可与赞赏，并留言"您的孩子很棒，她需要您的鼓励和支持"。她妈妈立刻回复了我："谢谢老师，我们一定全力支持她。"

"日记风波"让小陈和妈妈的关系变好了，写作能力也不断提高，在一次"爱老师"主题写作中，小陈的作文还被学校收集入册。

我们不仅要树立孩子的自信，也要帮助家长树立自信。在特教班主任工作中，家长的信任与支持，正是我们价值的体现。我们愿做家长与孩子之间的一座"连心桥"，架起彼此间的爱，而在传递爱的过程中，班主任同样也收获了满满的爱与感动。

阿宏家有3个聋哑孩子，哥哥是2007年建校入学的第一批学生，姐姐、弟弟分别于2016年、2020年考上广州大学，就这样我带了他们家三个孩子，并和他们的妈妈成了好朋友。记得弟弟高一进入我班时，他们的妈妈拉着我的手说："高老师，真是太好了，又由你来教弟弟了，孩子在你班上我就放心了。"这一句"放心"是对老师工作的极大肯定。平时我也会收到家长的微信或电话，"感谢高老师，让我的孩子更自信了，以前因为他的聋哑在村里抬不起头，没想到现在我们家孩子也能读大学了，真是太感谢您了"。每每收到这样的信息时，我的内心都充满了欣慰。

（贰）

第二辑

幸福的带班之道

在工作中反思，在反思中成长

一走上工作岗位我就担任班主任，至今已有十多年了。工作中，我始终坚持"踏踏实实做事，勤勤恳恳育人"的工作理念，在特殊教育的三尺讲台默默耕耘，为残疾孩子奉献全部的光和热。

清楚地记得2007年9月的教师节，那是我教育生涯中的第一个教师节，也是我第一次踏上讲台。学生还没来报到，我的心里就开始忐忑不安了，根据学校工作安排，我担任的是全校最高年级的班主任，因为我们学校是一所新办学校，学生有的是从普校转入的，也有的是来自邻近的特殊教育学校。如此组合的班级，该怎么带啊？翻看学生报名表上的信息，他们的年龄差异也不小，最大的一个男生都有17岁了，个头应该比我要高吧！我一个22岁刚毕业的女老师，能教好他们吗？怀着这样的疑虑和担忧，我迎来了第一批学生。

开学第一天，事实证明我的担忧并无道理。班上的学生大多来自农村，没接受过什么教育，也不会手语，但更令我烦恼的是许多家长甚至还不会讲一句普通话。与学生和家长的沟通问题摆在了我的面前，孩子的特殊性让家长对学校、对老师寄予了更多的期望，咿咿呀呀，这不是粤语的广东话让我一个外地老师，愣是睁大眼睛，拉直耳朵，还是一个字也没听明白。我急忙邀请身边的本地老师做"外语"翻译，终于把孩子和名字对上了号，也终于听懂了家长的声声叮嘱，"我的孩子饭量大，叫食堂阿姨多打点饭给孩子""晚上要叫我的孩子起床上厕所""不要让别人欺负我的孩子"，等等。虽然我满脸微笑，一个劲儿地点着头，但从家长的眼里还是看到了他们对我的怀疑。

高年级按照学校教室分布是在教学楼的二楼。第一天晚自习，刚走近一楼，我就听到低年级的小朋友跌宕起伏地哭成了一大片，他们的班主任哄完这个，又哄那个，看着他们忙碌的身影我暗自庆幸，还好我带的是全校年龄最大的一个班。还没到自己班级时，就听见教室里传来一片笑声。不错嘛，看来这帮孩子相处得还挺融洽，心里开始扬扬自得起来。可走近一看，发现几个男生正光着膀子，坐在课桌上打扑克呢。他们看我进来了，便慢腾腾地回到各自的座位上。此情此景，我怎能姑息？这可是端正班风、树立威信的重要时刻，我沉下脸，冲着他们打了一大堆手语，可打着、打着看见一脸茫然的他们我停下了动作。哦，原来他们还看不懂手语。和家长不能交流，和学生也无法沟通，我这班主任还怎么当啊？就在我束手无策之时，突然一个蓝眼睛的男生站了起来，示意他们把衣服穿上，把扑克牌都收起来。对了，他好像是我们班唯一一个会打手语的孩子，看来只有他明白了我的意思。我像是抓住了一根救命稻草，赶紧用手语告诉他，让同学们坐好，今后要注意形象，不能在教室光着膀子，更不能玩牌，这都是违反学校规章制度的。我不得不佩服听障学生之间的"天然通"，为什么他说什么学生都能明白呢？而且其他孩子都愿意听他的，这可是班长的不二人选。

接下来的日子里，在班长的带领下，我的班级工作慢慢进入了轨道，但我还是一点儿也不敢松懈。每天一大早按时到宿舍叫他们起床；吃饭时，带他们排队；上课时，提醒他们进教室；洗澡时，陪他们打水；晚自习时，到班上维持纪律；还一直陪到他们一个个都进入甜蜜的梦乡，我才回到自己的宿舍。一开始，我觉得做班主任就应该这样面面俱到，才能把班级管理好。一位经验丰富的老教师提醒了我：高老师，你们班的学生都那么大了，你还这样天天跟带小孩子一样看着他们，你不累，学生都嫌累。再说了，你这样什么都不肯放手，学生什么时候才能真正地长大啊！做班主任一定要讲究方法。这一番话，犹如当头棒，一下敲醒了我。是啊，这开学的一个月，我把全部的时间和精力都扑在了学生身上，连给家里打电话的时间都少了，而学生似乎并没有完全朝着我预想的方向发展，我的付出没有得到相应的回报。这样下去肯定是不行的。他山之石可以攻玉，我到图书馆买了几本关于班主任工作、班级管理、学生个案分析等书籍，并从中总结出一个道理，班级管理工作是一门艺术，不能只靠蛮干，它不仅需要爱心、耐心和细心，更需要智慧，需要班主任制定出一套合乎本班实际的管理方法和模式，方能事半功倍，我心中产生了一个全新的班级管理思路。

与学生相处了一段时间后，我觉得这群孩子都非常朴实、单纯，因为来自农村，刚开始不太适应学校封闭式的管理模式，但他们的领悟能力很强，只是两个多星期，就基本能用一些简单的手语和我沟通了。解决了沟通问题，我就要开始实施第一步计划，让每个孩子都成为班级的主人。我利用班会课在班上宣布，我们班要实行"班长轮流制"——每个人轮流当一个星期的班长，看看谁任职期间，班级的纪律最好，为表彰优秀，我们要在期末评选出班长之星。学生听到这样的消息纷纷议论开了，这对他们来说，无疑是一次挑战，因为他们很多人都从未当过班长。他们"八仙过海，各显神通"，都很珍惜自己当班长的那一周。在"班长轮流制"的实行阶段，我好像彻底解放了。学生迟到的现象少了，班级的纪律好了，学习的风气浓了。看来我这一步算是成功了。看到每周学校评比的文明班级奖牌挂在教室时，我笑了，心里无限感慨，我终于在班主任工作中感受到了成功的快乐。

正当我为这小小的进步得意时，一位家长打来了电话，说她的孩子本来在康复中心上学时，回家还会和她说说话，虽然并不清楚，但很愿意表达。可现在来到学校后，回家就不愿意开口了，只喜欢在她面前打手语，这让她无法接受。"我们把孩子送到学校是要学说话的，不是学手语，你这老师是怎么教的？"听了这番投诉后，我感到无比的委屈，一股强烈的挫败感涌上了心头。我的尽心尽力换来的却是家长的责备，这让我一时无法接受。挂了电话，泪水直流，也让我对自己前段时间的工作进行了深刻的反思。为了让孩子更好地实现彼此的沟通，我一直在强攻学生手语的学习，而忽略了那些本来还有残余听力的孩子。我真大意，这个家长的电话打得太及时了。于是我对班上的学生做了一个全面的听损情况调查，了解他们之前的学习情况及听损程度，征求其他任课教师的意见，制订了相应的个别教育计划，并在班主任工作日志中做好记录。这样，我班上的每个学生都有了针对性的教育计划。课堂上，我会特别注意对哪些孩子应加强口语训练，哪些学生应注重基本知识的传授。在全体教师和学生的共同努力下，我班的学习氛围越来越浓，成为学校班风、学风的模范。孩子们的进步是有目共睹的，家长看在眼里，喜在心里。通过这件事，我明白了班主任工作事无巨细，它不是看你做了些什么，而是要看你怎么做的，目标指向性是什么。为了让残疾学生能更加快乐健康地成长，班主任要不断学习，不断探索，只有这样才能更好地为学生的成长保驾护航。

这些年来，我从接手到坚守，与学生共同成长、成熟。当年的小不点儿也都已经长成了大孩子，而我的班级管理也已形成了一套自己的管理模式和管理理念，我班上的学生从自我管理到互相监督，再到共同进步，实现了一次又一次的自我超越。孩子的成长与进步，家长的肯定与支持，成为我班主任工作源源不断的动力。

班主任，作为学校教育工作基本的管理者，左肩扛着学生的现在，右肩担负着祖国的未来。我们的教育对象是一个特殊的群体，他们更渴望尊重与关爱。教育好一个残疾孩子就会造福一个家庭，就会有利于维护社会的和谐与稳定，这就是我做班主任工作的意义所在！

阳光"绘"读，"育践"成长

——打造绘本书香班级，助力学生阳光快乐成长

党的十九大报告提出要办好特殊教育，党的二十大报告提出强化特殊教育普惠发展。"办好特殊教育"要从育人开始，构建良好的班级是当下培养特殊学生重要的手段。班级建设是学校开展德育工作、培养学生的重要窗口，是影响学生身心健康发展的关键因素，是推进学校和谐发展的重要载体，建设良好的班级文化对提高学生的道德认识、陶冶学生的品德情操、锻炼学生的品德意志及培养学生的品德行为具有重要而深远的意义。

我从多年的带班经验中总结出从班级建设现状出发，把绘本与班级文化建设相结合，分析现阶段班级建设存在的问题，探索出相应的较为有效的带班方略，在育人中带班，在带班中育人。

一、育人理念

《中小学德育工作指南》指出，建设班级文化，鼓励学生自主设计班名、班训、班歌、班徽、班级口号等，增强班级凝聚力。推进书香班级、书香校园建设，向学生推荐阅读书目，调动学生阅读积极性。提倡小学生每天课外阅读至少半小时，中学生每天课外阅读至少1小时。

英国哲学家培根说过："读书塑造人格。"学生的兴趣、性格、品德与规则意识等社会性的发展，都会受到阅读内容潜移默化的影响。听障学生由于自身生理特点，获取信息的渠道受限。

教育部2016年颁布的盲、聋和培智三类特殊教育学校义务教育课程标准中提

出，教材编写都应做到图文并茂、色彩鲜明、版面活泼，要关注社会发展，关注自然，有助于学生树立正确的世界观、人生观、价值观。

绘本，是"画出来的书"，是一类以绘画为主，并附有少量文字的书籍，画面精美、色彩亮丽，符合新课标对教材编写的要求，也符合听障学生获取信息的特点。绘本不仅可以讲故事，学知识，其生动有趣的故事、内涵丰富的画面还可以全面帮助学生建构精神世界，培养多元智能。

二、班情分析

刚接手这个班级时是五年级，班级共有12人，男女生各占一半。12名学生均是听力障碍学生。有3位学生在其他特殊教育学校读过书，有很好的手语基础，另外9位学生之前都是在普通学校随班就读，不懂手语。刚开始"沟通"成了我和学生之间最大的障碍，幸运的是班上有3位会手语的学生，我采取"大老师"加"小老师"的方法，从课堂上到生活中，全方面教学生手语，借助绘本阅读丰富学生的语言量，很快沟通的问题解决了，我就要开展班级建设了。听力障碍，导致他们获取信息的渠道变窄。我们的学生和普校学生存在一定差异，入学年龄不均衡，同一班级中，年龄最小和最大相差5岁，新组建的班级，凝聚力不强，学生学习动力不足，阅读能力弱。

三、班级发展目标

我是班主任兼语文教师，我发现学生很爱阅读绘本，于是就想借助这一特殊的读物，帮助我班形成团结向上、阳光自信的班风，在打造书香班级过程中达到带班育人的目的。

（一）总体目标

绘本阅读和班级建设相结合，选择适合听障学生阅读的绘本，开展主题教育活动，打造"爱阅读，爱绘本"的书香班级体，以此建设一支团结向上、阳光自信的班级队伍。

（二）具体目标

（1）课程育人——以绘本阅读活动课程，挖掘绘本中的育人元素，帮助学生认识自己身体的残缺，悦纳自我，勇于接受挑战；

（2）文化育人——以书香班级的文化氛围，提升学生自我教育的能力，让学生成为班级的主人；

（3）活动育人——借助绘本，开展富有特色的阅读活动，在活动中建立自信，增强班级凝聚力。

四、班级建设的实践体系

（一）班级文化标志性建设——班徽、班级口号、班服、班歌

1. 班徽设计——爱绘本，爱阅读

设计、制作一个寓意丰富的"班徽"，在班级文化建设中起到非常重要的促进作用。我们班为了把绘本文化融入班集体建设中来，在全班同学共同努力下，最终确定以黄色圆形为背景，中间是红色的"我爱你"手势，下半圈写着红色字"爱绘本，爱阅读"。班徽体现出本班级是一个以"爱"为主旋律的班级，师生之爱、生生之爱都体现其中，同时也表达出本班是一个热爱阅读的书香班级。班徽既是班主任带班理念的体现，也是对学生的促进，营造出积极向上的班级文化氛围，培养学生自律的意识，增强学生的团队精神。

2. 班级口号——爱绘本，爱阅读，明事理，学美德

班级口号是班级文化的一种表现形式，能成为激励学生思想进步的动力，能表现出一个班级文化的风貌，是一个班级文化的精神所在，起到鼓舞、同化的作用。通过班级口号，就可以了解到这是一个什么样的班级，或者是即将建设成为一个什么样的班级。根据本班推进绘本阅读的特点，我们设计的班级口号简单明了，凸显本阶段班级文化的主题：爱绘本，爱阅读，明事理，学美德。让学生在班级口号的鼓舞下，慢慢达到班级建设的目标。

3. 班服设计——我最喜欢的绘本人物

班服是班级学生和班主任及科任老师共同参与设计的，既是班级文化的一种体现，也是师生智慧创意的产物。在校集体活动时，穿上由自己设计的班服，会增强班级学生的团结力和集体荣誉感。

我们的班服设计既有共性又有特性，每件白色T恤胸前都印着班徽，后背印着自己最喜欢的绘本人物，如《我喜欢自己》里那只可爱自信的小猪，《大脚丫跳芭蕾》里善良上进的贝琳达等，这些都是学生选择印制的。一个个学生熟

悉的绘本人物，同样是班级文化的一种体现，也时刻在激励学生"爱绘本，爱阅读"。

4. 班歌——和你一样

在同学们共同努力下，最终我们定下了班歌《和你一样》。为什么会选择这首歌作为班歌呢？主要是因为，这首歌充满了正能量，也说明了特殊学生的心声——和你一样，一样的善良，一样的坚强，一样可以通过自己的努力，融入这主流社会，成为这和谐社会的参与者和建设者。

（二）班级环境建设——让教室和宿舍的每一面墙都会说话

要想建立一个书香班级，班级环境建设尤为重要。我校学生大部分是寄宿生，学生平时主要的学习生活场所是教室和宿舍。我根据本班文化导向，充分利用好这两个场所，让教室和宿舍的每一面墙都会说话，都能发挥作用。

1. 教室——绘本角

在教室的后方，板报下面放一排矮柜，建立班级的"绘本角"，采用"轮流制"，每周安排一位"绘本角"管理员，负责绘本的管理，让每一位学生都能成为"绘本角"的主人。

（1）绘本书籍的挑选

绘本书籍的挑选很关键，我们邀请科任教师和学生一起，利用刚开学的第一周下午的自习课，在学校图书室"海淘"，选择一批适合班级学生阅读的绘本，跟学校申请借出，并做好保管工作。另外，也邀请学生把自己家有的绘本带回学校分享阅读。我平时看到好的绘本，也会购买回来放入班级"绘本角"。

（2）绘本推荐海报制作

由我和班干部们利用网络资源，设计制作一些绘本推荐海报，帮助学生借阅绘本时有所参考，最终选到适合自己的绘本。这些绘本宣传海报将在教室的右墙展示，每两周更换一次。推荐海报的制作，让部分学生对绘本已经有了一个初步了解，也让班级掀起一股读绘本的热潮。

（3）学生绘本阅读心得展示

学生在阅读绘本的同时，都会做一份阅读心得记录，我会提前给学生提供模板，除了好词好句好段的摘抄外，最后一栏要写上读了这本绘本，你学到什么，内容可长可短，让学生轻松表达。在教室的左墙后面放着一个展示柜，里面展示的就是学生的阅读心得。学生在完成自己的阅读心得记录本后，都要放在这个展示柜里，学生之间可以互相翻阅，我也可以通过阅读心得记录本来了解学生喜欢哪类绘本及其思想动态，及时对"绘本角"的绘本进行补充。

（4）学生阅读小报

每个月举行一次绘本阅读小报的制作和评比。在自己看过的绘本中，选择一本完成阅读小报的制作。在制作小报的过程中，学生又一次和绘本中的人物进行对话，学到绘本中的美德，对自己又是一次内省。把学生的阅读小报在教室左墙进行展示，这样整个教室都被绘本文化包围，学生在这种环境中，自然会"爱上绘本，爱上阅读"。

2. 宿舍——绘本流动站

宿舍作为学生的第二生活场所，我们也要利用好宿舍的环境。在宿舍建立"绘本流动站"，每周放入10本绘本，由住宿学生轮流保管，供学生睡前阅读。每周更新一次，每本书后面会粘贴几张绘本阅读记录表，学生阅读之后可以填一填，给下一位阅读此绘本的学生一个参考，学生之间还可以借助表格互相留言，交流阅读心得。宿舍的"绘本流动站"是对教室"绘本角"的一个延伸，让学生随时随地都可以读上精美的绘本。

（三）绘本主题班会课——绘本文化滋养学生心灵

我们借助主题班会课，将班级文化的核心理念浸润到每位学生。借助绘本开展主题班会课，让学生学习绘本的主题，达到思想教育的目的。在开展主题班会课时，可以由班主任主讲，也可以邀请学生、家长参与其中。

主题班会课方面，我们根据学生的发展水平，制定了三个维度的主题，结合学生的生活实践，选择了系列绘本开展相关主题的绘本型主题班会课。同时我们也会根据节假日、特殊的纪念日等选择相应的绘本。

1. 班主任讲——绘本主题，我来展示

如劳动节，我为了让学生感受劳动的美好，选择了《学校的小农庄》《古利和古拉大扫除》等绘本，在充满童趣的绘本中，体会劳动的快乐。母亲节时，选择《我的妈妈是超人》《妈妈的魔法肚子》等绘本来开展班会课，让学生在阅读体验中明白母亲的伟大，学会感恩父母。

当袁隆平先生逝世时，我们读《一粒种子改变世界：袁隆平的故事》，来了解他的一生，表达对袁隆平先生的哀悼。袁隆平先生曾说：人就像一粒种子，要做一粒好种子。通过阅读，这本绘本，也像一粒好种子，播进学生们的心田，长出壮实的稻穗来。

2. 学生讲——优秀品质，我要学习

学生读了大量绘本后，就会有一些自己喜欢的绘本主角。如《彩香的邮局》中善良热情的彩香。《勇敢小货车》中勇敢善良的卡尔，《彩虹色的花》里那朵乐于助人的花儿，《猜猜我有多爱你》中那个两只互相爱着对方的兔子，等等。每一本绘本都充满了积极向上的能量，每个角色又在传递着不同的美和爱。让学生分享自己最喜欢的绘本主角，说一说为什么会喜欢他们，就是学生内省的过程，在讲述的过程中，就是学习主角优秀品德的过程。

3. 家长讲——精彩绘本，我来分享

我还会定期召开家长会，开展绘本阅读指导工作，受疫情影响家长不能进校园，我们就进行线上绘本导读微课视频推送，帮助家长在家更好地开展亲子阅读。我们的主题班会课邀请家长进课堂，让他们分享在和孩子进行亲子阅读时，读到的好的绘本，或者家长也可以拍一拍自己和孩子一起读绘本的情景，在班会课上与其他学生分享。这种形式，加强了家校合育，又让班级文化建设延伸至家庭。

（四）绘本主题活动——绘本活动浸润学生生命

为了丰富班级文化活动，在书香班级建设的过程中，我和班干部们协商策划出一系列与班级文化主题相符的活动，让"爱绘本，爱阅读，明事理，学美德"更加深入人心。

1. 绘本剧——我爱绘本，我来演一演

以小组为单位，通过绘本剧把自己读过的绘本表演出来。为了取得好的效果，每个小组都在很认真地排练，学生从绘本故事内容选取、PPT和背景音乐制作到配音每一步都在细细斟酌，学生自己制作的面具、头饰、道具让大家赞叹不已，在这种齐心协力的氛围中，大家感受到了集体的力量，同时在表演过程中，对绘本的教育意义进行了深挖，让绘本阅读不仅仅停留在表面，对绘本的意义有了更深层次的思考，也让学生们更加热爱阅读绘本。每本绘本在学生活灵活现的演绎下，都得到了精彩呈现。优秀作品我们再加工处理，推荐到学校，参加学校的大型文娱会演活动。

2.绘本创作——我爱绘本，我来画一画

在有一定量的绘本阅读体验后，学生尝试绘本创作。把自己学习生活中的人和事，写一写、画一画，以绘本的形式表达出来，这对学生来说又是一种不一样的体验。每学期期末组织一次"绘本大比拼"，把学生制作的绘本展示出来，邀请科任老师和其他班级的学生参与投票，选出最受欢迎绘本、最佳创意绘本、最美画风绘本等，让学生受到鼓励，进而更加热爱阅读绘本。

五、创新特色

"小绘本，大德育"，在带班建班的过程中，我们借助"绘本"这一特殊读物，通过六大主题绘本的阅读以及系列绘本活动的开展，形成了"爱阅读，爱绘本"的书香班级体，让学生"明事理，学美德"，让班级口号真正得以落地。

六、成效和反思

科学落实班级文化育人，书香班级有了很大的进步，得到了校领导和家长们高度赞誉，近三年连续被评为学校"优秀班集体"。

（1）形成了以班主任、学生、科任教师以及家长为整体的育人团队，让学生在"自育"和"他育"中形成了积极向上、阳光自信的生活和学习态度。

（2）打造了"爱阅读，爱绘本，明事理，学美德"的书香班集体，在浓厚的班级文化氛围的熏陶下，班级凝聚力增强，学习动力足。

（3）通过系列活动，学生在学校有事可做、有事愿做、有事乐做，真正成为班级的小主人。

（4）在用心的带班过程中，我班形成了独具特色的文化氛围，班级口号、班歌等深入人心，文化育人的作用发挥得淋漓尽致。

当然，任何事情都要分两面来看，在取得成绩的同时，我们也要反思不足，以备更好地开展班级建设。随着学生年龄的增长与阅读习惯的变化，可供选择的绘本相对减少，书香班级的阅读物可慢慢过渡到全文字性读物。活动开展的切入点可适当调整。

"绘本，是喷涌而出的语言世界。绘本让孩子感受生的欢乐，给予孩子生的力量，也是让成人恢复青春活力的语言的源泉。"一系列以绘本为主题的班级文化建设活动，改善了学生的学习状态，形成了"爱绘本，爱阅读"的优秀班风学风。当学生在一个书香班级里一起阅读绘本时，绘本就像是一颗幸福的种子，在每一位学生心中生根发芽。

聋校德育主阵地

——班会课的思考与研究

班会课作为聋校德育的主阵地，在对听障学生进行德育教育中起着至关重要的作用。通过班会课帮助听障学生树立正确的人生观、世界观，更好地融入主流社会当中去。我根据自身班主任工作的经验，主要从聋校班会课开展的现状、班会课的重要性以及怎样上好班会课等方面进行了思考与研究。

近年来，聋哑少年的犯罪现象屡见各媒体、报端，犯罪率呈上升趋势。要杜绝这种现象，光靠警方的严打严抓是不能从根本上解决问题的。中国人民公安大学王大伟教授在谈及聋哑少年犯罪的问题时说："对于这些孩子他们不一定自己愿意参加犯罪团伙，他们可能是被欺骗、被拐卖，什么情况都有，我们从远期预防这个角度来看，对这些聋哑人，要以教育为主，从思想上使他们认识，主观潜意识里不愿再参与犯罪活动。"

教育的过程就是学生思想转化的过程，教育的魅力就在于对人的灵魂的提升。近年来，聋哑少年犯罪率的升高追根溯源与我们的教育是有着千丝万缕的联系的。聋校德育问题必须引起高度重视，只有从思想上对听障学生进行教育，才能提高听障学生的道德认识和道德判断能力，培养道德情感。作为聋校德育的主阵地——班会课，必须挑起听障学生德育教育的大梁，通过班会课帮助听障学生树立正确的人生观、世界观，更好地融入主流社会当中去。这也是聋校教育的最终目的。我根据自己的班主任工作经验，针对聋校的班会课谈谈以下的看法。

一、班会课在聋校开展的现状

根据聋校课程设置安排，每所聋校在安排课程时，每周的课表上都要安排一节班会课，对学生进行德育教育。或是根据听障学生近期的实际情况召开班会课，来解决听障学生的日常行为问题。这些都是课程设计的要求，那么学校或是老师有没有真正地按照要求实施呢？据了解，部分学校虽然课程表上有安排班会课，可是班主任经常会利用班会课来上学科课，抑或是上成批斗大会，只是一味地去批评一些犯错误的学生，没有从根本上解决学生的思想问题。当然，也有一些聋校非常重视班会课，经常开展一些班会课的公开课等活动。

二、班会课在聋校德育中的重要性

班会课作为聋校德育的主阵地，在对听障学生进行德育教育中起着至关重要的作用。据了解，如果一个班级的班风、学风都很好的话，那这个班的班主任一般都是比较重视班会课的。班会课上，听障学生可以得到精神上的洗礼与指引，也会得到鼓舞与振奋，有的感恩式的主题班会课会让听障学生产生心灵上的震撼，从而得到心灵的升华。每一次不同主题的班会课，都会让听障学生有不同的体验，精神上有很大的收获。如我校盛行的"八爱"式主题教育，班主任把它的精髓引用到班会课上，并根据不同中心"爱学校""爱班级""爱老师""爱同学"等召开不同主题式的班会课，很明显，整个学校的校风都有了很大的变化，学生看到老师会主动问好，同学之间相处更为融洽等。事实证明，班会课在聋校德育教育中占据着重要的地位。

三、如何让班会课在聋校中更好地开展

既然在聋校德育教育中，班会课的重要性这么明显，作为聋校班主任应该根据本班的实际情况更好地开展班会课，让学校的德育工作更好地开展。

（一）聋校班会课

聋校班会课是班主任向学生进行思想品德教育的一种有效形式和重要阵地。班会课能充分发挥班集体的智慧和力量，让听障学生在集体活动中受教育、受熏陶，从而提高综合素质。如果组织得好，对听障学生思想的转化和良好班风的形

成有不可低估的作用。班会课还可以增强听障学生的责任意识，同时班主任参与其中，大家各自提出看法，这样就更加完善了班级的制度；增加了师生间的友谊。

(二) 聋校班会课的类型

聋校常见的班会课有专题讨论形式，即让听障学生根据发生在社会或学校中的某一事件展开讨论，达到明辨是非的目的。这种形式的班会课比较适合中年级以上的班级。报告会形式的班会课，即邀请师兄师姐，或者一些学生家长到校为学生进行成功经验的分享，通过经验的分享，让听障学生思想上更有动力去积极进取，通常这种形式的班会课比较适合高年级。体验式班会课，即让听障学生通过情感的体验来得到思想的升华，这种形式比较适合中低年级。游戏活动形式的班会课，如让听障学生通过一系列的游戏或者活动，来明白做人的道理，是一种寓教于乐的班会形式，这种形式比较适合低年级。参观访问形式的班会课，是利用社会力量对听障学生进行教育的一种有效的班会形式，这种形式也比较适合中低年级。还有主题式班会课，即围绕某一教育主题，在听障学生充分准备的基础上，采用上述一种或几种形式进行的综合性班会课，这种形式比较适合高年级。目前，在普通学校中还流行一种素材型班会课，主要是通过一系列的素材，让学生产生情感上的共鸣，最终达到教育的目的。其实这种班会课形式在聋校的高年级也可以借鉴利用。

(三) 聋校班会课开展的原则

班会课在聋校德育教育中作用明显，要想充分发挥班会课的作用，班主任需遵循以下几个原则。

1. 及时性

班会课的召开要及时，当班级或学生思想动态出现问题时，班主任应及时调整时间，召开主题班会课，在问题爆发前，帮助学生分析问题，认清问题的本质，及时疏导，达到事半功倍的效果。如中学部的听障学生都在热聊韩剧，沉迷于韩星崇拜中，班主任发现这种现象，就要及时召开班会课，引导学生正确对待明星，从而形成正确的价值观。

2. 普遍性

班会课是一个集体活动，它面向的是整个班级的学生。如果只是一个或极少数学生出现了一些偏差行为，班主任可以私下里找他们聊天，解决问题。如果班主任刻意把事情扩大化，很容易引起学生的误会，反而不利于学生的思想教育。所以班会课选择的主题，要存在普遍性，要能解决大部分学生的问题，起到凝聚班级向心力的作用。

3. 合理性

班会课针对什么样的学生，应该采取什么样的形式，要根据学生的年龄、心理接受能力、问题大小等各方面的因素来选择，才能组织一次合理的班会课，让学生的问题得到真正的解决。

4. 延续性

班会课只是一节课，一节课的时间是有限的，要想让学生得到更好的教育，班会课应该具备延续性。可以通过布置作业、课后调查等形式来实现班会课的延续性，班主任选择班会主题时，也要注意是否具有延续性。

（四）聋校班会课的设计

班会课确定了主题，选择了类型后，班主任还要认真考虑这节班会课该如何设计。班会课的过程一般可以分为三大环节：点明班会课的目的——围绕主题进行学习——内化主题，情感升华。班会课的导入要具有吸引力，同时要符合听障学生的学习特点，让听障学生一下就进入角色，积极参与。在围绕主题进行学习时，班主任要做好充分准备，通过各种形式来展示本节班会课的主要目的，这是班会课的主体。结束时要深化提炼班会课的中心思想，让学生在脑海中留下鲜明的"痕迹"，得到延续性的思想教育。

因此，过程设计中应注意如下几个方面：①班会课开头的组织有下面几种形式：主持人直接导入式、视频引导式、表演式、游戏式等。无论是哪一种形式，开头都不要太复杂，要具有吸引力，激发听障学生的兴趣。②认真准备班会课的实施过程，过程中要让听障学生得到情感上的体验，可以根据需要，设计两到三次情感体验高潮。这样既能激发听障学生的参与热情，又能让听障学生在体验高潮中收到最佳的教育效果。实施过程中，要遵循上面所说的原则，选择适合的形式，通常以一个故事，或是一次表演来循循善诱，逐步深入。③班会课结尾的设计，一定要注意延续性的体现，不能虎头蛇尾，匆匆结束。

例如，在对聋校高中阶段的学生进行"感恩父母教育"的班会课时，在班会课的导入设计时，我会选择一个视频素材——《一公斤母爱》，观看视频，对听障学生来说比较直观，更容易接受，更能引起他们的情感共鸣。在班会课的实施阶段，可以设计让学生说说自己和父母的感人故事，此时学生情感已经开始波动，进入班会课一个小高潮。接着再让学生看看班主任事先准备的家长想对孩子们说的话。当家长一句句真情的话语展现在孩子面前，学生的情感又达到了另一个高潮。然后让提前邀请过来的家长与孩子面对面说一说心里话，这把整节班会课推向了最高潮。在最后环节的设计上，班主任要遵循延续性的原则，让学生回去帮父母做一件事，并记到班级记事本中，到期末时，大家再互相交流，情感又得到了一次洗礼。

　　总之，班会课在聋校的德育教育中发挥着很大的作用。班主任应根据本班学生特点与爱好，选择不同类型的班会课，认真备课，上好每一节班会课。让班会课的作用发挥最大化。班主任还要根据实际情况，在班会课的设计与开展上多做研究，更好地为学生服务。

聋校班主任工作中的班级文化建设

听障学生由于生理上的缺陷，长期生活在无声世界里，外界的信息只能通过视觉接收，很容易形成自私、孤僻、易怒、多疑等较为普遍的心理现象。班级文化是一个班级的灵魂，是班级所特有的。班主任要想方设法管理好一个班级，帮助听障学生克服心理障碍，形成积极向上、阳光自信的良好心态，参与到班级的各项学习活动中去。聋校班主任要重视班级文化建设，让听障学生通过视觉代偿功能，在班级文化的潜移默化中真正得到成长，为他们今后融入主流社会打下坚实的基础。

"孟母三迁"讲的是孟母为了选择良好的环境教育孟子，多次迁居，可见教育环境、氛围对人发展的重要性。帮助学生营造良好的氛围环境，不就是我们班主任工作中的班级文化建设吗？班级文化是一个班级的灵魂，班主任要重视班级文化建设，形成积极向上的班风、学风，这样开展工作就水到渠成。班主任要充分运用教育资源，结合听障学生特点，从视觉代偿、言传身教等方面狠抓班级文化建设，由浅入深，循序渐进，潜移默化地影响听障学生，进而让优秀的班级文化为听障学生服务，让他们在一个良好氛围中，得到正面引导，养成正确的思想意识和行为习惯，积极地参与到班级的学习生活中去。

一、聋校班级文化建设的重要性

在聋校，良好的班级文化会让听障学生在潜移默化中形成正确的价值观念、行为规范，这样他们的学习生活就有了明确的方向。对于班级文化建设，班主任大致可以从两个方面来开展工作：一是外在的班级建设，如室容舍貌等；二是内在的文化氛围，如班风、学风的形成，这两方面的建设相互结合，共同影响学生的行为习惯。

（一）润物细无声

教育家苏霍姆林斯基说过："无论是种植花草树木，还是悬挂图片标语，或是利用墙报，我们都将从审美的高度深入规则，以便挖掘其潜移默化的育人功能，并最终连学校的墙壁也在说话。"

一个干净整洁的教室和一个垃圾遍地、桌椅东倒西歪的教室，对学生行为习惯的培养的影响是可想而知的。听障学生从视觉方面获得的感应，让他选择是做一名讲卫生的学生还是做一名邋遢的学生，教室文化在这里就得到了明显体现。一个充满书香气息的教室，学生随时都会找几本书来读一读；一个充满正能量的板报宣传，学生都会显得更为自信。班主任要带领学生创造出积极的班级文化，使学生在这种氛围中，形成积极向上的班级凝聚力。教室和宿舍，作为学生学习生活的主要场所，一眼看去，给人的感觉、环境的优劣，都会对学生产生潜移默化的影响。良好的教室和宿舍环境，会让学生爱上学校，为他们注入一股学习动力。班主任要充分发挥班级文化"润物细无声"的作用，让"教室的每一面墙壁都会说话"，而且是"说好话"。

（二）潜移默化

班级文化对学生的影响除了外在的因素外，还有它的内在动力。团结友爱、人人平等、好学乐学的班风学风会让班上的学生在一个轻松愉悦的班级氛围中完成每天的学习。听障学生刚入校时，很多都会出现胆小、怯弱、不合群的现象。如果班主任抓住学生的特点，以身作则，平等地对待每个学生，让每个学生都能成为班级的小主人，让他们人人有事做，就能营造出师生融洽相处的和谐班级氛围。在这样的班级文化氛围中，大部分听障学生都会有所蜕变，成为阳光自信的学生。反之，听障学生将会变得更为自卑、胆小。可见班级内在的文化氛围，对学生的影响是相当大的。

总之，聋校班主任在班级管理中，要充分重视班级文化建设，那么我们应该如何进行班级文化建设呢？我结合自身工作实践，谈谈自己的几点做法。

二、聋校班级文化建设的措施

（一）建设优美的室容舍貌

优美的班级及宿舍环境，能使学生在不知不觉中自然而然地受到暗示、熏陶和感染，给他们增添了无穷的学习和生活乐趣，同时也带来希望和活力，班主任带领学生把教室、宿舍布置成温馨、舒适的场所，让他们在不知不觉中受到文化熏陶。

1. 创造舒适的教室环境

学校教室环境的布置各班大致是一样的，但也可以在局部体现不同之处。例如我班，每期的板报布置，我都会留一块可活动的板块，把近期表现好的学生的行为在这个板块进行展示，给学生以鼓励。我还在教室里设置了一个读书角，里面配置的书籍，有学生自己从家带来的，有我从图书馆借的，还有我认为对学生有帮助从网上买的。有了这个小图书角，学生阅读更有针对性，同时也丰富了他们单调的寄宿生活。为了陶冶学生的情操，我还在教室一角摆放了几盆绿色植物，这些植物完全交由学生负责，由他们来浇水、修剪、晒太阳等，学生做这些事都很认真仔细，也培养了他们做事有耐心的好习惯。一个舒适的教室环境可以让听障学生更喜欢学校生活，更好地融入集体生活，同时对他们也是一种潜移默化的影响。

2. 创造温馨的宿舍环境

由于我班学生都是住校生，一个好的住宿环境也会让学生更有集体归属感。为了完善宿舍的内务，学校曾与阳江武警支队互动，邀请他们来我校进行军事化的内务展示，并让学生动手学一学。借这个契机，我让学生对宿舍彻底整改，被子统一叠成"豆腐块"形，毛巾、牙刷等物品都有规范性地布置。除了这些内务方面的规范外，我还鼓励学生把自己喜欢的名人名言写出来，我统一规格打印出来，在宿舍门后进行张贴，学生每天睡觉前读一读，给自己鼓励。

（二）建立细致的班级文化制度

所谓"没有规矩不成方圆"，只有建立起合理的班级规章制度，规范学生的行为，才有可能建立良好的班风，保证班级各方面工作的开展与落实。

1. 健全班级规章制度

通过班会课、班干部会议等，结合本班学生的实际情况，由全班同学共同制定相关的制度，对上课、课间、早操、晚自习、就餐、就寝提出了明确的要求，规范学生一日常规、班级管理制度、课堂纪律、规范就餐、就寝纪律等制度，由班干部执行，全班同学共同监督。在制度实施过程中，每个学生都有提出异议的权利，做到既有规章制度，又是公平公正。

2. 建立规范化的活动制度

每学期结合学校教导室制订的活动计划，确定本学期班级开展的主要活动及时间安排，明确班干部负责内容，形成以班主任为主导、班干部为主体的班级文化活动网络。

3. 建立切实可行的检查、考评制度

结合学校的"文明班级""文明宿舍"检查评学制度，制定班级"班级之星""宿舍之星"的考核制度，鼓励学生多为集体争光，增强集体归属感。

（三）创造和谐的班级文化关系

在班级文化建设过程中，和谐的师生、生生关系是前提。班主任民主的管理方式，对学生的身心发展有着极大的鼓励作用。学生更是班级文化环境建设的主体，班主任要充分调动学生的积极性，让每一个学生都参与到班集体的管理中来。

1. 构建融洽的师生关系

课堂上我始终坚持以学生为主，从多维度去发现学生身上的闪光点。工作中，我有意识地将积极的生活态度、正确的价值取向与高尚的道德情操融于课本知识中，用文明的言谈举止，以求通过潜移默化的影响对学生的思想道德教育起到极为有效的促进作用。争取每周至少找一名学生聊天，了解他最近的思想动态，并及时给予帮助与指导。

2. 建立和睦的同学关系

听障学生都有孤僻、离群、以自我为中心等现象，同学之间缺乏信任，互帮互助意识差。为了营建和睦的同学关系，平时我经常举行一些集体活动，培养他们之间的默契。结合实际活动对学生进行团结意识教育，建立团结互助的班风，从而形成和睦的同学关系。

（四）开展富有特色的班级文化活动

丰富多彩的班级文化活动，可以使身在其中的听障学生受到思想教育，提高思想道德素质。

1. 对学生进行自强自立教育

聋哑学生由于自身的残疾，比正常学生更需要自强自立的意识教育。我经常利用班会课召开古今优秀残疾人事迹介绍会，让学生了解残疾人中也不乏优秀者，树立自信心，并开展学习"海伦·凯勒"活动，学习海伦·凯勒坚强的意志力和坚持不懈的学习精神，在此基础上举行《我的理想》作文赛，让学生通过构画自己未来的蓝图，找到学习的目标，坚定学习的信念。

2. 对学生进行助人为乐教育

我一直带高年级的班级，经常鼓励我班学生与低年级学生自行结对帮扶，帮助小同学洗衣服、打饭、扫地等，对表现突出者给予表扬。再评选出一名乐于助人小标兵，培养学生乐于助人的良好习惯。

3. 开展丰富多彩的兴趣活动，培养学生的技能

聋哑学生虽然听不到声音，但并不影响他们的动手能力，学校在每周二、四下午开展手工、美术、书法、舞蹈等兴趣小组活动，让学生根据自己的兴趣选择小组，培养他们的良好技能，从而提高其综合素质。我鼓励所有学生都去参加兴趣课，从而培养他们的自信心。

在班主任和学生的共同努力下，学生经过长期的耳濡目染，良好的班风慢慢形成，老师、学生和谐相处，学生的向心力和归宿感大大增强。班级文化建设好了，班主任再开展工作就会更加得心应手。针对"视觉性"感知的听障学生，班主任更应该加大班级文化建设的力度，让他们在班级文化的潜移默化中真正得到成长，为他们今后融入主流社会打下坚实的基础。

如何在特殊学校开展绘本型主题班会课

绘本，是"画出来的书"，是一类用绘画表达主题，并附有文字的书籍，符合特殊学生获取信息的特点。绘本不仅可以讲故事，学知识，而且可以全面帮助学生建构精神世界，培养多元智能。我在大量的绘本阅读教学实践中发现，将绘本引入主题班会课中，以此为素材，开展绘本型主题班会课，符合特殊学生的认知发展规律。结合现阶段特殊学校开展的教育教学活动，以主题式活动选择对应的绘本素材，开展具有绘本型特色的主题班会课，帮助学生在阅读过程中积累生活经验，丰富情感体验，提升个人的道德素养。我结合自身教学实践经验，谈谈如何在特殊学校开展绘本型主题班会课。

班会课作为学校的德育阵地在日常教育教学中是必不可少的，近年来各地班主任集思广益，不断创新，凝练出多种形式的主题班会课。如李季教授提出的"走心式"主题班会课，广东省名班主任王家文提出的"素材型"主题班会课，还有"体验式""活动型"等各种类型的主题班会课，这些都是班主任们根据教学对象的特征，不断创新实践出来的经验做法，值得借鉴。但对于特殊教育学校的主题班会课来说，目前还没有一种固定的开展模式，我在早期的课题研究中，发现将绘本引入主题班会课中，在阅读中感悟，在感悟中实践，在实践中体验，可以达到一定的德育目标。开展绘本型主题班会课是一种有趣而有效的教学方式，可以帮助学生更好地理解和参与班会活动。

一、绘本型主题班会课的来源

（一）以阅读体验为基础

第一次接触绘本是2009年，校长去北京参加培训，给我们带回来一批绘本。

当时看到那些精装绘本，一下子就爱不释手，读了几本后就觉得这种读物非常适合我们的特殊孩子。于是就带领着学生把校长带回来的绘本全部读完了，后来学校图书馆也购进了大批绘本，就这样我们开启了绘本阅读之旅。

（二）以课题研究为铺垫

在和学生读绘本的过程中，总结反思，觉得绘本可以和语文阅读教学结合起来。2019年，我们申报了省级课题"绘本阅读在聋校语文教学中的研究与应用"，并于2021年顺利结题。在课题研究过程中，形成了"三阶教学模式"，让绘本与低年级阶段的识字教学、中年级阶段的句子教学、高年级阶段的仿写教学结合起来。

2021年课题研究接近尾声时，我们又申报了"启智绘读"广东省特殊教育学校精品课程建设项目，在项目建设过程中，形成了"三阶四课时教学模式"，把绘本德育引入课堂中来，初步探索如何借助绘本开展主题班会课。

（三）以工作室活动为依托

到了2021年下半年，成立了广东省名班主任工作室，工作室成员一起开展"小绘本，大德育"特色活动，放大绘本的德育元素，开展多元的绘本型活动，进而促进绘本型主题班会课的形成。从学科实践，到绘本德育渗透，再到现在的绘本型主题班会课，我们一路实践，一路探索，形成了绘本型主题班会课的初步教学模式。

二、主题绘本的选择

绘本，是"画出来的书"，它不仅可以讲故事，学知识，而且可以全面帮助学生建构精神世界，培养多元智能。在开展绘本型主题班会前，教师需要阅读大量绘本，选出适合特殊学生阅读的绘本。

可以按照不同主题进行绘本分类，根据所需的德育主题再来选择绘本。同时，我们在带领学生读绘本时，也可以不断挖掘绘本的德育内涵。

结合《中小学德育工作指南》、特殊学校生活类学科的教学模块以及中国学生发展的六大素养，根据学生不同年龄阶段的特点，我们主要从六大主题选择绘本进行实践：生活常识、认识自我、情绪管理、人际交往、美好品质、爱与智慧。对应主题选择多本绘本开展实践教育活动，并在实践过程中补充绘本，筛除不利于开展主题班会课的绘本，最终形成六大主题绘本资源库。

三、绘本主题班会课的开展

特殊学校由于教学对象的特殊性，班主任在开展主题班会课时存在一定困难，但如能借助绘本，激发学生参与的积极性，充分利用好每周一节的班会课开好主题班会，就可以减少班主任工作量，减轻班主任负担，达到事半功倍的效果。

(一) 读一读，整体感知绘本

课堂上，绘本的呈现形式非常关键，一个好的呈现形式可以快速抓住学生的注意力。是教师读绘本还是下载网上朗读视频呢？在实践教学过程中，我们觉得教师带领学生声情并茂地朗读、学生演绎、师生共同演一演等形式来呈现绘本会更容易吸引学生。在阅读过程中，注重语音语调和情感表达，可以适时暂停，询问学生有关情节、角色、主题等方面的问题，激发他们的思考和参与，同时在一起读绘本的过程中也能增进师生关系，享受快乐阅读。

例如，我们在进行"生活常识"主题绘本《我要找妈妈》的教学实践时，教师带领学生结合绘本中的情景，朗读时注重停顿、缓急，让学生在找妈妈的过程中感受小主人公的心情，慢慢理解与妈妈分别的心情。

在进行"爱与智慧"主题绘本《猜猜我有多爱你》的教学实践时，教师带领学生一边读绘本一边根据绘本中的情景来演一演，感受兔妈妈和兔宝宝的爱到底有多少。

精彩的绘本呈现，会让这节主题班会课开好头，顺利"俘获学生的芳心"，愿意主动参与到接下来的活动中去。

(二) 品一品，挖掘绘本德育元素

对于特殊学生来说，我们选择的绘本都是比较浅显易懂的，读完绘本后，可以清晰感受到绘本所要表达的主题。对于程度稍重的学生，教师可进行适当引导，让学生结合本节课主题班会课的活动目标，来感受绘本主题。对于程度好的学生，在阅读结束后，组织他们进行讨论，让他们分享观点、感受和想法。鼓励学生积极参与，互相交流，扩展思维和见解。在"品一品"的过程中，教师要做好引导工作，既要保护学生的创新思维，也要带领学生挖掘出本节课的教育主

题，即教师想要借助的绘本德育元素。

例如，我们在实践"情绪管理"主题绘本《菲菲生气了》时，可以帮助学生直面"生气"的情绪，以及该如何化解自己生气的情绪，在绘本中认识自我。

例如，我们在进行"美好品质"主题绘本《花婆婆》的教学实践时，绘本内容丰富，画面优美，教师该如何引导学生呢？我们要学会抓住关键句子，绘本中提到了花婆婆从小要做一件"让世界变得更美丽的事"，那我们就可以以此为切入点，引导学生去发现身边的"花婆婆"，进而达到"感恩教育"的教育目标。

（三）说一说，绘本链接生活

再好的德育活动，最终都要落实到学生的生活实际，对于特殊学生来讲脱离生活实际的活动，很难达到教育目标。绘本型主题班会课堂中，除了绘本的整体呈现以外，最为重要的就是绘本链接生活，由绘本中的故事链接到学生生活中的真实案例。在绘本选择环节，教师也要注意这一点，所选绘本也是贴近学生生活实际的。在绘本的"品一品"环节中，学生已经有一定的情感体验基础，到链接生活这一环节，就更容易把绘本情节跟生活实际联系起来。

例如，我们在开展主题"认识自我"的绘本型主题班会课时，选择的绘本是《我喜欢自己》，绘本链接生活环节如下：

三、绘本链接生活

（一）正确认识自己，发现优点

1. 绘本中的猪小妹的优点有哪些？

猪小妹会做好玩的事，会画漂亮的画，会骑车骑得很快，还会和自己读好看的书。

猪小妹还很会解决问题：她心情不好的时候，会想办法让自己开心；她跌倒的时候，会自己爬起来；她做错事的时候，会鼓励自己多试几次。

2. 你觉得你有什么优点呢？拿出小镜子照一照自己，来给自己找优点吧。

用"我会（ ）。"说一说自己的优点；

遇到问题时你是怎么解决的？

（1）我心情不好的时候：

（2）我跌倒的时候：

（3）我做错事的时候：

3. 同桌之间也来说一说，你觉得你的同桌有什么优点呢？

设计意图：在猪小妹身上找优点，进而过渡到自己，用一双善于发现的眼睛去寻找自己的优点以及同桌的优点，在这个过程中，使学生正确认识自己。

（二）接纳自己

夸夸自己：我真棒！我喜欢自己！

设计意图：受猪小妹的感染，让学生们带着这种积极的情绪夸夸自己，增加学生的自信心，敢于接纳自己。

（四）做一做，绘本内涵活动

当绘本链接生活完成后，这节主题班会课的主要德育目标就基本完成了，为了巩固学生的情感体验，以及对主题再升华，我们还可以结合绘本内容开展与主题相契合的绘本活动。或者根据绘本的主题，设计一些相关问题，帮助学生深入思考，并引导他们从多个角度探究主题。可以进行角色扮演、小组研讨或是开展一些互动活动，以进一步加深学生对主题的理解。

例如，开展"人际交往"主题班会课时，在赏析了绘本《河狸别急》后，我们开展了如下的绘本活动：

我的礼物

活动目标：给好朋友做一份礼物。

活动准备：手工剪刀、胶水、卡纸、彩带、彩笔

教学步骤：

1. 师生再次共读绘本，找一找，河狸在向好朋友大熊和驼鹿道歉时，他送了什么给他们。

2. 今天，我们也来做一份礼物送给你的好朋友吧。

3. 一起制作小花束。

例如，在开展"爱与智慧"主题班会课时，绘本《三只小猪的真实故事》让我们明白看待问题不能太过于片面。对于高年级的学生，我们可以开展"辩一辩"的活动。

辩一辩

正方：小猪代表队，说一说你觉得大野狼说谎的证据。

反方：大野狼代表队，说一说你觉得大野狼被冤枉的证据。

1. 需要在绘本中找寻支持自己的证据，也可以有别的实际证据理由；

2. 双方都需要举手示意待老师同意后发言；

3. 双方陈述观点时，先说明观点再阐释理由，待一方说完后另一方再辩论。（避免重复观点）

4. 教师点评总结

设计意图：辩一辩，让学生在辩论过程中，思维得到碰撞，有利于培养学生的语言表达能力和创新思维能力，引导学生要从不同人物不同角度出发思考问题，培养多元化思维和多方面认真思考问题的习惯。

另外，也可以根据实际情况，开展绘本剧表演、绘本故事朗诵等活动。一系列绘本活动，将绘本德育内涵内化于心，在活动中，再次体验绘本情感，也让情感得以升华。

四、课后延伸——亲子阅读指导

为了让课堂效果得以巩固，课后我们还要适当给予家长阅读指导，通过绘本导读微课的推送，帮助家长在家也能开展绘本阅读，家校合育，让学生更好地成长。

绘本阅读不仅让学生明白知识，更重要的意义在于，在这个过程中，班主任和学生共同关注一本绘本，看到的故事，体验到的情感，会永远留在学生心中，帮助他们"明事理，学美德"，为他们今后融入主流社会打下坚实的基础。

在"核心素养"架构下，如何引导
寄宿制听障学生自主发展

作为"核心素养"一个重要的板块，"自主发展"具有明确的指向性，重在强调能有效管理自己的学习和生活，认识和发现自我价值，发掘自身潜力，有效应对复杂多变的环境，成就出彩人生，发展成为有明确人生方向、有生活品质的人。寄宿制聋校的班主任，要积极探索，引导学生自主发展，让他们更好地回归主流社会。

"核心素养"是党的教育方针的具体化，是连接宏观教育理念、培养目标与具体教育教学实践的中间环节。明确学生应具备的适应终身发展和社会发展需要的必备品格与关键能力。

长期寄宿的听障学生，由于与父母分离，再加上生理上的缺陷，在没有得到较好的引导前，很难自主发展。作为听障学生接触最多的班主任，我们要积极引导他们有效管理自己的学习和生活，让他们懂得"如何学习"和"如何生活"，为他们今后融入主流社会奠定坚实的基础，让他们能够更好地参与到主流社会的生活中去。基于"核心素养"的科学架构，作为班主任的我积极从"学会学习"和"健康生活"两个大的方面引导学生的自主发展。对于寄宿制听障学生而言，由于长期脱离主流社会，我们应先教会他们如何生活，再谈如何学习。

一、健康生活

我校目前是本地唯一一所12年制寄宿制聋校，生源来自各县（市、区），在校生绝大多数都为寄宿生。由于生理缺陷，他们普遍存在性格孤僻、悲观自卑等性格问题。学生入学后，班主任要积极引导他们树立自信、自强的人生观，以一种积极的态度面对生活。

寄宿制听障学生刚入学时是第一次长时间离开父母，对学校生活陌生，自我认识不高。我想，寄宿制听障学生要实现自主发展，首先要适应学校生活，了解自我，让他们悦纳自己，面对自身的缺陷，懂得珍爱生命。只有当一个人能够正确地认识自我、全面地接纳自我时，自我发展才成为可能。

（一）适应环境，融入集体

正如马斯洛的需求理论所说，人只有在安全需要得到充分满足之后，才可能产生发展需要。当学生来到一个陌生的环境时，内心缺乏安全感，很难适应集体生活。我在学生刚入学时，会争取高年级班主任的帮助，和他们建立"互助小组"。让高年级的大哥哥大姐姐们带着新生一点一滴地适应学校生活，教会他们自己完成宿舍里的一些常规活动，如洗衣服、洗澡等。

在班级建设方面，我会开展一系列主题班会活动，如"我的班级我做主"的体验式班会活动，帮助学生快速融入集体生活，带给他们更多的安全感；"季度生日会"的小活动，为学生提供机会和平台，帮助学生展示自我，融入集体，在安全感的需要得到满足后，带给学生更多的归属感和幸福感，为他们自主发展做好准备。

（二）悦纳自我，建立自信

自卑在听障学生中是比较普遍的一种现象，离开父母及长期寄宿的生活，让他们更加自卑，觉得就是因为身体上的残缺，父母才会把他们留在学校，如果这种想法愈演愈烈的话，他们就难以走出自己的聋人小圈子。班主任要积极引导，让学生正视自身的残疾，悦纳自我。当学生快乐地接受了自己，他们的整个心胸便会舒展和开阔，同时也会更加容易接受他人，走出自卑的阴影。

我会开展"认识自我，悦纳自我"主题活动，邀请高年级的学生来个现身说法，讲述他们从自卑走向阳光的心路历程。让学生认识到，聋哑并不可怕，我们要积极面对。告诉他们每个人都是独特的个体，都各有各的价值。人的能力是多方面的。要愉快地接受自己，并通过努力，改进和发展自己。开展"优点放大镜"的活动，请家长给自己的孩子写一封信，信中要重点写一写自己孩子的优点，并用具体的事例来阐述3~5个优点；请学生说说自己同桌的优点，并在日记本中写出具体的事例来。在班会课上，我再把这些内容与全班同学一起分享。这些活动，让学生意识到别人眼中的自己和自己认为的自己并不一样，原来自己也可以有那么多优点，从而让学生更加全面地认识自己。

班主任要坚定地告诉学生：无论什么时候，我们都不要讨厌自己，对于那些已经无法更改的客观现实，与其整天抱怨苦恼，还不如坦然地自我悦纳，即以积极、赞赏的态度来接受自己。当学生融入集体，悦纳自我后，自我发展才能顺利进行。

二、学会学习

寄宿制听障学生，长期与父母分离，在学习上缺少父母的监管，老师课后的跟进也无法完全保证学生的学习力度。对他们来说，学会学习，合理分配时间，总结学习方法，自觉拒绝网络诱惑，可以促进学习，增强自我效能感；而长时间荒废在校的学习时间，会削弱他们的信心，对学校生活产生厌烦，降低学习效率。同时，也会影响他们回归主流社会后，对知识信息的获得。班主任既要让这部分寄宿制的听障学生学会生活，也要让他们懂得学习，养成终身学习的习惯。

（一）乐学善学，合理分配时间

对寄宿制听障学生而言，有很多自由支配的碎片时间，学会合理分配在校时间，是学生自主发展的很好表现，也是他们提升学习效率最有效的方法。

关于时间管理，我会定期召开主题班会，通过系列活动，引导学生学会统筹安排时间。我带领学生把他们寄宿在学校，可自由支配的时间，大致分为三段：早晨起床到早读课前的时间、中午下课到午睡前的时间、下午放学到晚自习前的时间。这三段时间完全是由学生自由支配的，这三段时间的合理利用，可以提高学生在校的学习质量。学生集体讨论，让他们说一说自己是怎样分配这些时间的，再由其他同学来分析这样分配时间是否合理。让学生提前做好规划，珍惜寄宿的碎片时间。指导学生制定时间管理表，鼓励学生把将其贴在课桌上，时刻督促自己，自主管理时间。三周后，可以再做一次补充修订，并把自己的使用心得在班上进行分享，鼓励那些做得好的学生，并指导其他学生进行完善。经过一段时间的训练，学生慢慢地就会养成自主管理时间的习惯。

（二）勤于反思，善于总结经验

寄宿制听障学生，在平时的学习过程中，缺乏对自己的学习状态进行审视的意识和习惯，不善于总结经验。班主任作为他们的引路人，要培养学生养成勤于反思的好习惯。每次考试后、每个主题的学习后，我都会召开"学习总结"反思会，让学生说说自己这段时间的学习和考试心得。每次放假回家，也让他们和家长分享感受，让这种习惯延伸到校外。在总结经验后，也要让学生能够根据不同情境和自身实际，选择或调整学习策略和方法等，更好地学习。

（三）信息意识，安全使用网络

寄宿制听障学生缺乏信息获取渠道，网络的出现，为他们打开了一个全新的世界。网络世界复杂混乱，我们要培养学生自觉、有效地获取、评估、鉴别、使用网络信息。网络是把双刃剑，在服务学生的同时，也出现了手机使用、网络成瘾等问题。针对网络问题，我们开展了"听障学生健康上网"的课题研究，帮助学生安全使用网络，让网络更好地为寄宿制听障学生服务。

总之，对于我校寄宿制听障学生而言，在校的这12年，是为他们今后顺利回归主流社会奠定基础的关键时期。在"科学素养"架构下，班主任通过有意识的培养，让他们的自主性得到了发展，学会了健康生活，掌握了自主学习的方法。

聋校思想品德校本课程初探

近年来，聋哑少年的犯罪现象屡见各媒体、报端，犯罪率呈上升趋势，叫人揪心，引人深思。这不得不让我们从事聋校教育的工作者思考一个问题：我们的孩子经过学校的教育，究竟学会了什么呢？从本质上说，聋校教育主要是教会学生如何做人，如何做一个对社会有用的人。事实证明，对聋哑孩子进行思想品德教育显得尤为重要，思想品德课是聋校对听障学生实施思想品德教育的主战场、主渠道。然而传统的思想品德课程已不能满足听障学生的需求，目前全国各特殊学校都在研发校本教材，笔者联系本校思想品德校本课程研究的实际，谈谈自身的几点看法。

一、思想品德课的重要性及其最终目标

近年来，聋哑少年的犯罪现象屡见各媒体、报端，犯罪率呈上升趋势。全国各地聋校都存在学生走失的现象，而当这些学生被寻找到时，大部分是在作案（盗窃等）过程中被当场抓获。听障学生被捕后，仍表现出一副扬扬得意的样子，有一种"我就是不理睬，看你能把我怎么样？"的心理，不与警方配合。

思想品德课作为聋校对听障学生实施思想品德教育的主渠道，是听障学生接受思想洗礼的"主教堂"，它是一门着重提高学生道德认识和道德判断能力，培养道德情感，以指导学生行为的课程，在聋校教育中居重要地位，它对于引导学生从小逐步形成良好的思想品德，促进学生德育、智育、体育、美育等方面的发展，具有十分重要的作用。通过思想品德教育，他们了解自己，认识自己，正视自身残疾，懂得做人的权利，不以物喜，不以己悲，最终能够回归主流，服务社会。

二、现行聋校对思想品德课的做法及不足之处

（一）囫囵吞枣

目前聋校使用的思想品德教材，虽已有了较大幅度的调整，但在教学内容的选择和组织上仍旧没有摆脱传统教学模式的束缚，乃至还有一些形式化的倾向。教师在教授过程中，大都遵照教材，照本宣科，不做选择处理，只能将一些道德符号教给学生，而没有从更深层次上去挖掘这些符号所代表的意义。

（二）暂时挪用

由于聋校教师资源的问题，许多聋校的思想品德课不是由专门教师负责，而是由其他各任课教师（通常是班主任）兼任。思想品德课得不到重视，经常被"借"用上语文或数学，这在很大程度上影响了思想品德课的正常进行和开展。

（三）教材的不合理性

目前聋校使用的实验教材，为思想品德课的实施提供了重要的依据，然而，我国幅员辽阔，经济发展的不平衡性，以及各地风土人情的地域特点不同，完全遵循教材，照搬教材，难免出现与实际相脱离的弊端。因而教师在对教材处理时应遵循四个原则：一是内容有效；二是容易进入；三是可以接受；四是能够适应。教材内容的把握要具有选择性和实用性，做到有的放矢。同时教师在教育教学过程中应进行课程研发，不断积累新鲜的教学素材，逐步编写有利于本校听障学生理解和掌握的校本教材。

三、校本课程开发的必要性

校本课程开发强调学校利用自身资源，自主规划，自我负责，这十分有利于各校发挥自身的优势，形成自己的特色。我国长期以来一直采用自上而下的国家课程开发模式，只强调共性和统一性，忽视了地方性和个性。我国地大物博，各地的发展都存在着差异性，只有国家统一的教材，是远远满足不了地方上的不同需要的。校本课程的开发，则可以更好地满足地方和学校的需要，更好地满足学生的差异性学习需求。

为了对听障学生进行更好的思想品德教育，使得该学科的课堂教学收到入脑入心的功效，并真正实现对听障学生思想的有效教育，教师要根据听障学生的身

心特点和发展的实际需要对教材做出适当的选择与处理，并对传统的思想品德课程的教学模式进行根本性的改革和创新。因而，进行聋校思想品德校本课程的研究与开发势在必行。

四、思想品德校本课程的思考

（一）课程内容

1. 综合性

现代课程研究和课程改革的基本取向是走综合化的道路。新课程标准已在普通中小学整体考虑学生的横向实际，突破学科中心观，重组学习内容，实现综合化。聋校教育课程为适应时代发展，各校也在进行综合化的改革。聋校的思想品德课程在课程类型上属于综合课程的范畴。在进行校本课程的研发过程中，试将原有的思想品德、自然、社会等课程进行高度融合，制定的课程目标也应该涉及与学生生活息息相关的各个领域，这是对学生全面发展提出的新要求。这样的思想品德课，兼具了品德教育、科学教育、社会教育以及生活教育等多重价值。如在处理低年级思想品德课程内容时，现行使用的聋校实验教材第一册主要是对学生进行入学教育。根据听障学生的特点，书本上的知识难以让他们真正地快速融入校园生活之中，这便需要施教者综合教材内容，并根据本校的实际情况，对教材进行有效处理，综合其他各学科的内容，让学生从思想上真正"入学"。

2. 实用性

校本课程研发的最大优势即是从学生日常生活实际出发，选择有效素材加以整合，使得教学内容更加贴近学生心灵。由于听障学生的生理缺陷，从现实生活中选取教育素材，更能使他们深刻地体会到现实感、生活感，而这种现实感、生活感的获得与体验，构成了他们存在和生活的直接目的。在课程内容的选择上，教师需摆脱原始教材的束缚，将生活搬到课堂中来。如我们在教学聋校思想品德实验教材十一册第六课"集体的温暖"时，就要将生活中某某同学受到集体关怀的事件纳入课程教学内容之中。四（1）班小林在与同学玩耍的过程中，不小心夹伤了手，需要一笔不小的手术费来做接骨手术，如果不做手术，有可能会留下终身残疾。但他家境贫困，一时拿不出这么多钱。小林着急，家人更是着急。就在这个关键时刻，全校师生为他举行了"献爱心，送温暖"募捐活动，帮他凑齐手术费用，最终他可以顺利地进行接骨手术。引用校园生活这些"活生生"的例子，让学生从实例中更真实地感受到集体的温暖，从而在思想上产生共鸣。诸如此类的事情还有很多，学生之间也会相互讨论。如能将这些实际生活中的活例子收集起来，作为本校思想品德课程的教学内容，对学生而言，无疑是一本最亲近、最易接受的活教材。

3. 可实施性

校本课程的研究与开发是需要一个过程的，教师在这个过程中，需认真做记录，收集材料，把符合听障学生实际、易于学生接受的内容材料记录下来，通过教研活动，讨论确定基本大纲，要使教师在教育教学中更具目的性和可实施性。教师在根据基本大纲实施教学的同时还要不断地对现用教材改进补充，制定出真正可实施并具操作性的校本教材。

（二）授课模式

在教学过程中，教师会发现，如果只将带有思想品德符号的内容机械地传授给学生，那效果肯定是不容乐观的。施教者应根据听障学生的生理和心理特点，在对思想品德课程进行校本课程研究开发时，不仅要选择适合的教学内容，同时也要对原有的传统教学模式进行改革和创新。

1. 以学生为主体

在教学聋校思想品德实验教材第十二册"以礼待人"时，教材内容包括一篇课文、几幅插图和几道课后练习。按照传统的教学模式，教师可以引导学生读懂课文，并联系课文设置问题，再完成课后练习。这样一节课下来，一直都是以教师作为课堂的中心，学生则都是跟着教师的思路走，很难形成行为模式的概念，更谈不上行为习惯的培养。新课标要求课堂要以学生为主体，教师应在教学内容的组织和安排上摆脱教材的束缚，将教学的主要线索定位在"以礼待人"和"尊重他人，才会获得他人对你的尊重"。以这两点作为教学重点，跳出教材内容，设计丰富多彩的活动，真正让学生参与到课堂中来，成为课堂的主人。如针对第一个教学点，教师设计了接待外校学生来我校开展"手拉手"活动情境，将学生分为三组，第一组学生扮演有礼貌的接待者，第二组学生扮演没有礼貌的接待者，第三组学生扮演外校学生，分别登台表演。在活动过程中，通过对比，学生便能深刻体会到两种态度造成的反差，从而要求学生树立"以礼待人"的思想观念。教师接着设计了与外校学生交换礼物的活动，一些不愿意主动与人打招呼、没有礼貌的学生，拿着礼物，站在一边，没有伙伴喜欢和他交换礼物。而待人彬彬有礼、仪表大方的学生身边围满了要和他交换礼物的人。学生在活动中明白了"只有你先尊重别人，别人才会尊重你"的道理。

2. 将课堂延伸

课堂只有40分钟，仅仅利用这40分钟对学生进行思想品德教育肯定是不够的。教师需将课堂延伸，将德育贯穿到每个学科，同时对学生也要提出更高的要求。如在教学"为集体争光"时，课堂上教师设计了各种丰富的活动，让学生明白每个人都是集体的一分子，自己的一言一行都代表着集体，大家都要做一个讲文明的学生，为集体争光。课后，教师布置作业，让学生设计班规，并说明班规的实施方案（制定班规的目的是提醒学生共同维护班级荣誉，争取获得"优秀班集体"的荣誉），从而将本课的教学思想延伸到课外，与学生的实际生活有效地结合起来。学生们都制定出了一套方案，将自己的各种不良行为列为违规行为，通过集体讨论后，制定了班规。在这个过程中，让每个学生都认识到了自己的缺点和今后该努力方向——成为一个为集体争光的学生。这也让学生在成功的体验中加深了对所学道理的理解。

综上所述，传统的品德教育使学生学到的不是丰富的生活智慧，而是枯萎的道德语言符号。品德与人的存在是一体的，而人们的存在就是他们的实际生活过程。从这个意义上讲，思想品德课与生活融为一体，是实现教育目标的需要，更是听障学生健康成长的需要，为了让他们更好地了解自己，认识自己，正视自身残疾，懂得做人的权利，聋校教学应充分认识到思想品德课程的重要性，根据本校学生的具体情况，联系当地的风土人情，对传统课程进行改革和创新，从授课内容到授课模式，逐步形成自身特色，让听障学生成为校本教材研发的真正受益者。

阳光开学第一课

——《长大以后做什么》绘本型主题班会课教学设计

一、绘本简介

《长大以后做什么》用童谣般活泼流畅的语言、彩虹般丰富绚丽的色彩、简单却富有意蕴的故事，把孩子心中丰富多彩的世界呈现在读者眼前，让孩子自由发挥想象力，大声喊出自己不平凡的心愿。

二、教学目标

（一）读绘本，明事理

（1）通过读绘本《长大以后做什么》，启发学生想一想长大以后做什么；

（2）结合绘本，体会"人生之笔"是掌握在自己手中的。

（二）明事理，定目标

理解绘本中的道理后，为自己定目标——长大以后做什么。

（三）定目标，做计划

为了实现目标，本学期该如何努力。

二、教学过程

（一）新学期祝福，导入活动内容

1. 谈话导入

大家好，真高兴又见到大家了。经过一个假期，同学们又长大了许多。今天

我们就和大家来讨论"长大"这个话题。（板书：长大）

设计意图：轻松愉快的谈话导入，引出"长大"这一主题，让学生对本节主题班会课有一个初步的定位。

2. 引出绘本

今天，老师就给大家带来一本和"长大"有关的绘本，（出示绘本）长大以后做什么。

（1）板书题目

（2）齐读标题

（3）提问：你们有没有想过长大以后做什么呢？接下来我们就带着这个问题，跟着老师一起读绘本吧。

设计意图：班主任曾多次借助绘本开展主题班会课，学生喜欢这种"读绘本，明事理"的形式，选择跟主题相关的绘本，可以帮助学生加深对主题的理解。

（二）读绘本，明事理

1. **整体感知绘本**

老师有感情地朗读绘本。

2. **走进绘本**

（1）绘本中的两个小孩和谁讨论了"长大以后做什么"呢？

（2）师生一起讨论。

蒲公英——大狮子

小鱼——大鲸鱼

蜡笔——彩色的大森林：绿色——原野蓝色——大海

设计意图：绘本中的梦想看着有点不切实际，但容易激发学生的想象力，在充满童趣的绘本内容里去讨论"长大以后做什么"，课堂气氛更加轻松愉悦。

3. **心愿卡**

（1）绘本中蒲公英、小鱼、蜡笔都知道自己长大做什么，那么，你们知道你们长大以后做什么吗？接下来，同学们就来写一写自己的心愿吧，写一写自己长大以后做什么，并把它贴到黑板上的心愿卡上，老师会帮你们保存好，多年以后，看看你们有没有成为自己想成为的那样。

（2）写一写，贴一贴。

让学生写下自己"长大以后做什么"，写完的同学就把自己的心愿贴到黑板上的心愿卡上。

（3）分享心愿。

老师挑选一些学生的心愿读一读。

设计意图：通过写一写，贴一贴，增加学生的仪式感，对"长大以后做什么"更加深思熟虑。心愿分享，让学生的心愿被看到；不评价学生的心愿，让学生的心愿被尊重。

4. 再回绘本

（1）体会绘本深意。

蒲公英——大狮子，需要宽广的原野供它奔跑；

小鱼——大鲸鱼，需要无边无际的大海供它畅游；

而蜡笔可以帮忙画出宽广的原野和无边无际的大海，蒲公英和小鱼要想自己的愿望实现就需要蜡笔的帮助。

（2）小结。

蜡笔——人生之笔——描绘属于自己的人生蓝图。

（3）升华。

我们要想实现心愿，是否也要握好自己的"人生之笔"呢？为了实现自己刚刚写在心愿卡里的愿望，新学期我们需要做出什么样的努力呢？

设计意图：再回绘本，思考绘本中蒲公英、小鱼、蜡笔长大以后做什么之间的联系，帮助学生体会绘本中的深意，进而联系到自己，要想实现自己的心愿，还需要自己不懈地努力。

（三）新学期家长寄语

（1）开学前，老师采访了同学们的爸爸妈妈，他们在新学期也有很多话要和你们说。我们就一边听家长新学期寄语，一边想一想自己新学期需要做出哪些努力呢？

（2）分享家长寄语。

（3）分享感言。

听了爸爸妈妈的新学期寄语，你们有什么想法呢？新学期你有什么计划呢？

邀请几位同学来分享一下。

（4）制订计划。

课后把自己的新学期计划写下来，督促自己朝更好的方向发展。

设计意图：绘本理解，已经帮助学生奠定了一定的情感基础。家长新学期寄语，满满都是爱，学生们被感动了，对新学期也充满了期待和向往，为制订新学期的计划做足了情感铺垫。

（四）新学期给自己的寄语

总结新学期同学写给自己的寄语，有想法就要去做，让自己离梦想更近一些。

设计意图：新学期给自己的寄语既是对自己的期望，也是对自己新学期的计划，让学生在学期初就做好准备。

（五）新学期班主任寄语

新学期，希望大家健康快乐地成长，用自己的"人生之笔"描绘出属于自己的人生蓝图，成为一名新时代的好少年。

设计意图：回归绘本主题，帮助学生在新学期树立人生目标。

（六）活动总结

1. 回顾绘本

结合板书，回顾绘本，再次体会"人生之笔"需要掌握在自己的手里，这样我们才可以描绘出更加精彩的人生蓝图。

2. 情感升华

集体起立一起朗读：

新学期，

心里装载着梦想，

我们一起向未来！

设计意图：集体朗读，帮助学生升华情感，对新学期充满期待。

三、活动反思

（一）巧借绘本，点明道理

《长大以后做什么》简单却富有意蕴，蒲公英长大以后想做一头大狮子，小鱼长大以后想做一头大鲸鱼。蜡笔长大以后想做一片彩色的森林，用绿色涂出一片没有尽头的原野，用蓝色涂出无边无际的大海。再来品味这三者之间的联系，引导学生体会"蜡笔"就好像人生之笔，描绘出的原野和大海是狮子与鲸鱼需要的，也就是说，蒲公英和小鱼的愿望要实现，是需要蜡笔帮忙提供客观条件的。这就像我们的人生，目标确定之后，需要不断努力，用好"人生之笔"，才能描绘出属于自己的人生蓝图。

绘本对于听障学生来说，图文结合，理解起来较为容易。新学期第一节主题班会课，借助这样一本有内涵的绘本，让学生定目标，想一想长大以后做什么。

（二）家长寄语，激发内驱力

读完绘本以后，请学生写出自己长大以后做什么的心愿。那么，新学期为了这个心愿，怎么激发学生的内驱力去采取行动呢？除了绘本中"人生之笔"的道理外，课前老师采访了家长，新学期对学生有什么期望。课堂上老师把家长对孩子新学期的寄语展示出来，在家长们满满都是爱的寄语中，孩子们被感动了，对新学期也充满了期待和向往。

（三）参与互动，情感升华

课堂上让学生积极参与进来，学生在读中悟，在感悟中努力付出实际行动。本节主题班会课旨在激发学生内驱力，新学期，新面貌，以饱满的精神投入新学期的学习当中去。"心理装载着梦想，我们一起向未来！"

当读到蒲公英变成大狮子在原野上奔跑、小鱼变成大鲸鱼在大海里畅游时，学生也对"长大"充满了期待；当看到家长寄语时，学生带着感动说出新学期的计划；当一起朗读"新学期，心理装载着梦想，我们一起向未来"时，学生眼里泛着激动的光芒……我知道，这节主题班会课对学生的心灵有了触动，为这学期开了一个好头，让学生对新学期充满了期待，同时也能积极地为新学期做好规划。

当然还有值得反思的地方。对于绘本中"人生之笔"的概括，还需要更加自然；新学期计划的制订如果能在课堂上完成，并选择一些学生的计划来进行分享，可能效果会更好。

这是在我们"小绘本，大德育"系列活动的背景下设计的新学期第一节主题班会课。老师结合听障学生的生理特点，合理使用绘本，挖掘绘本中的教育元素，让学生"读绘本，明事理"。

以爱养爱，精神传承

——《爸爸的秘密》绘本型主题班会课教学设计

一、绘本简介

这是中国第一本送给孩子的以航天为主题的纪实儿童绘本，从故事构成到细节呈现都源于真实人物、真实经历和感受，图和文的创作都保持了客观、冷静、含蓄又真挚。绘本中的爸爸——邓清明是我国第一批航天员大队成员，也是目前唯一一位没有飞天却依然服役并坚持训练的第一批航天员。女儿邓满琪在成长中，曾抱怨过爸爸的失败，不理解爸爸的执着，但在她心中，爸爸一直是她的骄傲，正是爸爸追求梦想的坚毅脚步和不屈的眼神照亮了她的未来，正是有像爸爸这样有梦想不放弃、坚守祖国航天事业、默默贡献的航天人，才推动了中国航天事业飞速发展。

绘本作者邓满琪，1991年出生，2012年在酒泉卫星发射中心代职，2013年至今任北京航天飞行控制中心助理工程师。父亲邓清明，1966年出生，1984年空军招飞入伍，1998年被选入中国第一批航天员，曾三次备飞神九、神十、神十一航天任务，现为中国特级航天员。

二、教学对象

听障七年级学生。

三、学情分析

班级共14名学生，男生女生各7人，是一个团结友爱的班集体。女生性格相对比较文静，男生活泼一些。进入七年级以后，部分家长给孩子配了手机，男生对手机依赖性大，女生对手机依赖性不强。学习内驱力仍需激发，主动学习的意愿不强。七年级下册的语文教材中有一篇课文是杨利伟写的《太空一日》，通过这篇课文的学习，班级学生对祖国航天事业有了全面的了解。学生在学习课文时也表现出对航天精神的敬佩之情。在此基础上，借助《爸爸的秘密》这本绘本，帮助学生体会不一样的航天精神，进而联系生活，激发学生感恩之心，以及为了梦想而努力的内驱力，符合学生学情，贴合学生实际。

四、活动目标

（1）通过绘本阅读，揭开"爸爸的秘密"——坚守岗位，默默贡献，帮助学生感知不一样的航天精神；

（2）通过绘本联系生活，培养学生的感恩之心；

（3）以爱养爱，精神传承，激发学生向上的内驱力。

五、活动重难点

以爱养爱，激发学生向上的内驱力。

六、活动前准备

课件、配乐、采访视频、收集家长给孩子的一封信、教具制作。

七、活动过程

（一）视频导入，激发兴趣

（1）播放神舟十四载人航天飞船发射成功视频；

（2）简单回顾中国载人航天发展历程；

（3）引出绘本——《爸爸的秘密》。

设计意图：以学生感兴趣的神舟十四载人航天飞船发射成功的视频为导

入，容易激发学生兴趣。同时结合已学过的语文课文内容《太空一日》回顾中国载人航天事业的发展，重点回顾"爸爸"备飞的神九、神十、神十一，为后续做对比做好铺垫。

（二）阅读绘本，体会主题

（1）师生共读绘本；

（2）揭开爸爸的秘密；

（3）凝练绘本的主题。

设计意图：师生一起有感情地朗读绘本，情感共鸣。在朗读过程中，揭开"爸爸"的秘密，得出"坚守岗位，默默贡献"的不一样的航天精神。

（三）链接生活，情感升华

1. 事实说话

（1）图片展示在各个工作岗位上默默贡献的人：张桂梅、抗疫工作人员、消防员、清洁工；

（2）视频展示学校里为了我们成长默默贡献的老师、校医、门卫、厨房阿姨；

（3）寻找班级中默默做贡献的同学。

设计意图：从绘本链接生活，将绘本中的航天精神落地，更好地帮助学生体会这种情感。

2. 感恩生活

（1）这么多人为了我们的成长默默贡献着，我们应该要感恩于他人的默默贡献，此时你想对他们说什么呢？

（2）用老师发给大家的"感恩卡"来写一写吧。如果你想感谢的人在现场，那写好感恩卡后就送给他吧，不在现场就等下课后再送吧，或者也可以寄给他。

设计意图：通过感恩卡书写，帮助学生的情感内化于心，同时也帮助听障学生积累语言。

3. **精神的传承**

爸爸的秘密是：坚守岗位，默默奉献，女儿被他的精神感动，也投身国家航天事业，紧随爸爸的脚步——邓满琪的简单介绍，这就是一种精神的传承。

设计意图：精神传承，让学生内化于行。

4.老师的秘密——爸爸妈妈的一封信

（1）今天，老师也有一个秘密，在我这珍藏了各位同学的爸爸妈妈寄来的一封信。在我们的成长过程中，一直默默关心我们、默默付出的爸爸妈妈们，他们有话要说。

（2）分享爸爸妈妈的一封信，感受爱。

设计意图： 家长们用心用情的信件，让学生情感上得以升华，在爸爸妈妈们饱含爱意的字句中，学生们的情感得以升华。

八、活动总结

作为学生，本职工作就是学习，我们要好好学习，传承这种坚守岗位，为了梦想不放弃的航天精神，用自己的实际行动来回报为我们做贡献的很多人。

今天，我们一起朗读了邓满琪的《爸爸的秘密》，我们要感谢作者给我们带来了这么棒的绘本，让我们了解中国航天事业的发展，揭开了爸爸的秘密——坚守岗位，默默贡献，即使这么多年没能飞天，但他仍旧坚守再坚守。而作者作为航天人的女儿受爸爸的影响，也成了一位航天工作者，这就是精神的传承。我们也要传承这种精神，做好学生本职工作。

全体起来，一起朗诵：

> 为了梦想，
>
> 带着爱与感恩，
>
> 好好学习，
>
> 我们一起向未来！

设计意图： 以爱养爱，激发学生向上的内驱力。一起朗读这么有力量的句子，就好像在学生的心里埋下一颗向上的种子，让学生充满斗志，为了梦想，好好学习。

认识"星"朋友

——《弟弟的世界》绘本型融合主题班会课教学设计

一、设计思路

2023年4月2日是第16个"世界孤独症日",在这个特殊的日子,倡导普校学生关注孤独症儿童,正确认识、真诚接纳他们。本节课旨在通过融合宣导活动,让孤独症学生和普通学生一起参与课堂活动,形成尊重生命、包容接纳、平等友爱的良好校风班风。

二、教学背景

(一)教学内容分析

《弟弟的世界》是一本关于孤独症儿童的绘本,6岁的弟弟,像被困在一个别人无法进入的世界里,当别人试图靠近他、改变他时,他就会发怒、尖叫、自我伤害。两类学生共读绘本,通过情境体验、活动参与等,帮助孤独症学生接纳自己,帮助普通学生学会尊重特殊孩子,使两类学生成为心灵互通的朋友。

(二)学生情况分析

参与活动的共有48位学生,44位普通学生,4位孤独症学生。课堂教学活动时,共分为4组,4位孤独症学生分别在每一组。

三、教学目标

（一）普通学生

（1）通过绘本阅读，体会阅读的乐趣，培养良好的阅读习惯。

（2）在阅读过程中，感受绘本内涵，体会"星星的孩子"的世界是什么样的，如何才能让他们"飞出那个困住他们的世界"。

（3）在活动体验中领悟理解、接纳"星星的孩子"的重要性，明白该如何尊重他人。

（二）特殊学生

（1）通过绘本阅读，体会阅读的乐趣，培养良好的阅读习惯。

（2）在阅读过程中，学会接纳自我，尽自己努力做到最好。

四、教学重难点

（一）普通学生

学会理解、包容、接纳、关爱"星星的孩子"。

（二）特殊学生

学会接纳自己，努力做更好的自己。

五、教学策略

同时采取启发式教学法、活动操作法、小组合作学习法。

（1）借助绘本，让学生读绘本，走进"星星的世界"。

（2）运用多媒体教学，帮助学生更加直观地接收信息，产生共鸣，情感得以升华。

（3）在活动体验中，达到主题班会课的目的。

（4）小组合作，共同完成"手绘星空""星语星愿"。

六、教学环境

多媒体课件制作、"手绘星空"材料准备。

七、教学过程

（一）活动导入

（1）教师简单自我介绍。

（2）提问：你们知道4月2日是什么日子吗？（自2008年起，每年4月2日是"世界孤独症日"，今年是第16个"世界孤独症日"）

（3）引出本节课主题：认识"星"朋友。

①我校学生自我介绍。

②为我们今天相聚在一起上课而鼓掌。

设计意图：针对孤独症孩子的融合教育课程，情绪障碍和社交沟通障碍是课程设计的重点。本节活动课，开场设计由孤独症学生做自我介绍，锻炼他们的社交能力，在普生的鼓励下参与课堂，更能解决他们的情绪问题。

（二）朗读绘本，走进"星空"

1. 师生读绘本

带着问题朗读绘本。

（1）弟弟的世界是什么样的？

（2）他有什么与众不同的地方？

2. 介绍"星星的孩子"的特征

观看央视科普视频。

3. 谈感受

大家读了绘本，看了视频后，请谈一谈你对"星星的孩子"有了哪些认识？

设计意图：绘本帮助学生从一定层面上了解孤独症孩子的世界，绘本形象直观，故事性强，容易激发学生探究的兴趣。在此基础上观看央视孤独症科普视频，学生更深一层地了解了孤独症。有一定认识后，谈感受，也是让学生"内化于心"的过程。

（三）链接生活，触摸"星空"

过渡：绘本中，哥哥希望他的弟弟有一天能够飞出那个困住他的世界，那么通过爸爸妈妈、老师以及自己的努力，"星星的孩子"可以飞出那个困住他的世界吗？我们一起来触摸"星空"，看看那群努力的孩子吧。

1. 触摸"星空"

（1）深圳钢琴少年——舒海峰、"星星"少年袁煜博、上海"星星"青少年来地铁站做志愿者。

（2）我校4位学生：黄泳楠、李想、谭智尹、赵嘉敏。

（3）现实生活中还有许多孤独症孩子需要我们的关心、理解和包容。

2. 谈感受

当我们走进"星星的世界"，去"触摸星空"，了解这些孩子的生活时，你又有什么感想呢？

设计意图： 由绘本中哥哥对弟弟的希望"飞出那个困住他的世界"入手，让普通学生了解到通过一定的康复和训练，很多孤独症的孩子会有明显好转，但孤独症是需要终身康复的，坚持很重要。这也让课堂中的4名孤独症孩子明白，通过不断努力，可以让自己的兴趣爱好转化成人无我有的特长，激发他们接纳自我，拥有不断向上的力量。

（四）情感升华，手绘"星空"

1. 星语星愿

过渡：绘本中哥哥和弟弟之间因为一只小鸟，关系发生了微妙的变化，在画鸟的过程中帮助弟弟的情绪得以缓解，接下来，我们也一起来"手绘星空"吧。

老师带领大家手绘一幅幅装满"星语星愿"的画，分为4组同时进行。

（1）小组内6位同学（1位我校学生+5位普生）负责画底图，其他同学在心形卡纸上写一写，写好后贴在组内画好的底图上。

第一组：假设你是绘本中的弟弟，你有什么想对哥哥说的？请写一写。

第二组：假设你是绘本中的哥哥，你有什么想对弟弟说的？请写一写。

第三、四组：假设你是绘本中弟弟的同学，你有什么想对弟弟说的？请写一写。

（2）每组派一位代表同学，说一说小组创作的主要思想，最后由这位同学代表本组把这幅画送给我校学生，再问问我校学生今天认识新朋友开不开心。

2. 互绑蓝丝带，连接"星"朋友

在老师的辅助之下，各小组长和我们的学生互绑蓝丝带。

教师旁白：蓝丝带是关爱"星星"儿童的象征，它像大海的颜色一样和谐温暖，它让我们铭记博爱、关爱、感恩、奉献的精神，让我们像大海一样去包容和关爱每一个来自星星的孩子。

设计意图："手绘星空"环节，让两类学生在绘画过程中体会合作的乐趣；"星语星愿"让学生畅所欲言，这也是本节课"内化于行"的过程，让学生发自内心地理解，并接纳孤独症孩子。互绑蓝丝带，让学生增强责任意识，绑上了蓝丝带，我们就要铭记博爱、关爱、感恩、奉献的精神，像大海一样去包容和关爱每一个来自星星的孩子。

（五）课后延伸，分享"星空"

1. 赠送绘本《弟弟的世界》

请同学们把这个故事讲给更多的人听，让更多的人关注来自星星的孩子。

2. 特殊需要儿童绘本分享

帮助同学们了解更多有特殊需要的儿童。

3. 从"星"朋友到"新"朋友

全体朗诵：在同一片蓝天下，一起成长，一起进步……

设计意图：把绘本留给普校的孩子，让他们有机会把故事讲出去，让更多的人来了解孤独症孩子，这也是本节活动课的一个重要目标。推荐更多特殊需要主题的绘本，让普生明白除了"星星的孩子"，我们身边还有各种类型的特殊需要儿童，他们也一样需要我们的包容、理解与接纳。最后，在了解了"星"朋友以后，知道他们和我们不一样，但也是一样的，一样的善良，一样的努力向上。那我们就摘掉"星"标签，让他们成为我们的新朋友，在同一片蓝天下，一起成长，一起进步。

学会尊重

——《我说话像河流》绘本型融合主题班会课教学设计

一、设计思路

为贯彻落实党的十九大"办好特殊教育"精神，按照教育部等部门《"十四五"特殊教育发展提升行动计划》中"推进融合教育"要求，本着积极推进普校与特校之间的深度融合，使残疾儿童享有公平而有质量的教育理念，以"融合教育"理念推动普特学生共同进步，注重合作教学、主题教学。结合教师、学生交互影响的力量，关注学生的能力，而非学生的障碍。本节课旨在通过"小绘本，大德育"主题教学，听障学生和普通学生一起阅读绘本，他们共同感知绘本中的内涵，进而明事理、美心灵。

《我说话像河流》是一本关于特殊儿童的绘本，一位口吃的孩子对于自己不能流畅讲话感到自卑，而周围的同学也会投来异样的目光，最终在爸爸充满智慧与爱的指引下，小男孩接受了口吃。听障学生和普通学生共读这本震撼心灵的绘本，通过情境体验、活动参与等，帮助听障学生接纳自己，帮助普通学生学会尊重特殊孩子，两类学生成为心灵互通的朋友。

二、教学背景

（一）教学内容分析

本节课所选教学内容是绘本《我说话像河流》，绘本是加拿大诗人乔丹·斯科特以自己的亲身经历向读者讲述的一个口吃男孩所面临的诸多困难。每天早晨，那些词语萦绕在脑海里，却卡在喉咙里，有口难言，只能选择默不作声、一言不发，害怕回答老师的问题，没有可以交流的伙伴，他封闭了自己的心灵。幸运的是，他有一位充满智慧的父亲，带他去接受大自然的洗礼和滋养，父亲富有哲理的隐喻令他醍醐灌顶，领悟到"我说话像河流"。绘本中的插画也很有冲击力，绘者用图画形象地为读者描绘了口吃男孩内心的情绪和感受。通过绘本内容阅读，普通学生可以体会到，书中其他同学一个看似平常的眼神和动作，一句看似玩笑的话，给男孩的内心、自尊心带来多大的伤害，帮助普通学生学会欣赏、尊重和肯定他人的品质；对于听障学生而言，绘本像一面镜子，让他们看见与自己相似的主人公，对其中的思想、情感和经历感同身受，逐渐认识到自己和其他普通学生一样，是世界的一部分，帮助听障学生接纳自己。这本绘本在普特融合的班级，用于尊重、接纳主题班会非常适合。

（二）学生情况分析

班级共有24名学生，18名普通学生，6名听力障碍学生，学习能力都比较好。两类学生对于绘本阅读都表现了极大的兴趣。

1. 普通学生

三年级普通学生初步进入少年时期，有自己的想法，开始在乎他人的评价，容易形成以自我为中心的特点，对于尊重的内涵理解不透彻。在与听障学生共同学习的过程中，会针对听障学生的障碍类型产生一些误解和不尊重行为。

2. 特殊学生

三年级的听障学生自我认同感低，认为"我"与普通孩子不一样，比一、二年级时更加在意自己的听力残疾。本班听障学生都有佩戴助听器，有一定的残余听力，其中有2名学生（三级听力损失程度）可以与老师和同学进行口语交流，2名学生（二级听力损失程度）在老师和同学简单手语辅助下，可以进行交流，另外2名学生（一级听力损失程度）口语表达能力较弱。

三、教学目标

（一）普通学生

（1）通过绘本阅读，体会阅读的乐趣，培养良好的阅读习惯。

（2）在阅读过程中，感受绘本内涵，学会尊重身体上有特殊情况的同伴。

（3）在活动体验中领悟尊重他人的重要性，明白我们该如何尊重他人。

（4）学会本节课重点手语：尊重、接纳、自信。

（二）特殊学生

（1）通过绘本阅读，体会阅读的乐趣，培养良好的阅读习惯。

（2）在阅读过程中，学会像绘本主人公那样接受自己生理上的缺陷，并能正视它，尽自己努力做到最好。明白要想得到别人的尊重首先要接纳自己。

四、教学重难点

（一）普通学生

学会尊重他人。

（二）特殊学生

学会接纳自己。

五、教学策略

同时采取启发式教学法、活动操作法、小组合作学习法。

（1）借助绘本，让学生读绘本，明事理，美心灵；

（2）运用多媒体教学，帮助学生更加直观地接收信息，产生共鸣，情感得以升华；

（3）在活动体验中，达到主题班会课的目的。

另外，普通学生小组内辅助听障学生完成绘本阅读活动。

六、教学环境

（一）普通学生

多媒体课件制作；重点手语词汇学习：尊重、自信、接纳。

（二）特殊学生

多媒体课件制作、收集家长的一封信。

七、教学过程

（一）视频导入，引入绘本故事

（1）播放视频（公益广告：一位听障小男孩被人欺负，想表达，却表达不出来，很着急，这个时候爸爸保护了他，并告诉他面对这种情况要勇敢，而且爸爸永远都会支持他。）

（2）学生讨论看完这个视频后有什么想法，听障组和普通组的学生都要发表意见。

（3）今天，老师给大家带来一本绘本《我说话像河流》，我们来看看这本绘本中发生的故事和我们刚刚看的视频有什么联系呢？

（4）看绘本封面，猜一猜这个小男孩为什么说他说话像河流呢？河流又有什么特点呢？

设计意图：通过视频，激发学生兴趣。视频中内容对学生情感上有冲击，为本节课的情感升华做了铺垫。通过读封面，培养学生的良好阅读习惯，获取更多的阅读信息。

（二）整体感知绘本

教师带领学生一起通读绘本，图文对照，教师一边指着每一页内容，一边有感情地朗读，同时邀请普通组的学生一起读绘本，听障组的手语辅助一起读绘本。

设计意图：教师的示范朗读，对学生是一个很好的引领；不间断地朗读，让学生对绘本有一个整体认知；有感情地朗读，让学生在情感体验过程中喜欢上绘本。

（三）精读绘本，探究绘本内涵

1. "我"的烦恼

每天早晨醒来时，有许多词语的声音围绕在"我"四周，这些词语有：松树、乌鸦、月亮。

（1）请普通组的学生读一读这几个词语。（很轻松）

（2）听障组的学生也读一读。（不清晰，有些同学需要手语辅助）

（3）"我"为什么没有办法将它们说出来？（老师介绍："我"是一位口吃男孩，口吃就是我们通常说的结巴，有时候一着急就说不清楚。）

设计意图：在阅读的过程中，让学生体会"我"的烦恼，两组学生对比读"我"难以发出的词汇，体会"我"的困难处境。

2．"我"的遭遇

（1）"我"一语不发地准备面对这一天？你们有过这样的遭遇吗？小组内讨论。

分别请两组学生说一说，鼓励学生要积极面对困难。

（2）在学校，老师问"我"问题时，全班同学都会回头看"我"。那些同学在"我"的眼里是怎样的？（对照图画：老师和同学都是模糊的）

（3）"我"为什么会觉得上午总是很难熬？

同学们只关注"我"说话的方式和他们不一样

只看见"我"奇怪的面部表情

还有无法隐藏的恐惧

（老师引导学生关注别人的优点，不要像绘本里那样总是关注小男孩的异样。我们班级里也有一些语言康复的同学，他们说话的语音、语调和我们有些不一样，有些同学还需要用手语来辅助表达，但我们要学会发掘他们的闪光点。）

设计意图：口吃的小男孩的遭遇有可能跟班上听障组的孩子类似，通过绘本中的小男孩的遭遇来引导普通学生要尊重听障同学。

3．"我"的幸运

（1）爸爸的魔力。

为什么单独和爸爸在一起时，小男孩会感觉真好？

（爸爸能够接纳"我"说话不顺畅，他并不觉得那个是缺点。）

（2）爸爸见"我"很难过，是怎么做的？

（他伸手搂着"我"用肢体语言表达对"我"的爱；启发"我"说话像河流一样：水花四溅、翻滚奔腾、急流回旋、拍打冲击，并不是一直都是平静流淌，暗示"我"说话就像河流一样有时也会有不通畅的时候，急流过后平静的河面就会水流通畅。）

设计意图：通过这个环节引导学生做像爸爸那样有大爱、有胸怀的人，接纳他人。图文结合，让学生把小男孩的口吃、听障孩子学说话的过程和自然世界的活动联系在一起，在河流的变化中看到自己的嘴巴是如何说话的。

4. "我"的蜕变

（1）经过爸爸的开导后，"我"再回到学校时表现怎么样？

（"我"愿意在全班同学面前分享"我"最喜欢的地方——那条爸爸带"我"去的河。）

（2）同学们发生了什么变化？

（同学们的影像不再模糊，有些同学的脸上挂着微笑。"我"接纳了自己，也获得了同学们的尊重。）

设计意图：在小男孩的变化中感受"接纳"和"尊重"，接纳自己、接纳别人的不完美，尊重他人也是尊重自己的一种体现。

（四）链接生活，升华情感

说一说你在生活中有没有遇到小男孩的"烦恼"？面对这些烦恼你是怎么解决的？

（两组学生都说一说）

设计意图：从绘本链接到生活，让学生情感得以升华。让普通学生说一说最初对听障学生的看法，到后来自己是怎么做的；听障学生也来说一说跟普通学生在一起学习上课是什么感觉，自己有没有遇到类似小男孩的烦恼，又是怎么应对的。这些既和绘本中小男孩有相同之处，也有我们学生不一样的特点。

（五）尊重他人，我会做

你和同学之间发生过什么误会吗？今天，老师给大家一个机会，你可以给你的同学写一段话，对你曾经做的一些不恰当的事做一次正式的道歉，在我们的"爱心"小卡片上写一写，送给你想送的同学。

设计意图：这个环节让学生内化于行。

八、活动小结

在歌曲《我们都一样》中教师进行总结。

我们这二十几个学生能相聚在一个集体中一起来读绘本，是一件多么美妙的事啊！这本绘本对我们的心灵有一种震撼，让我们懂得了尊重和接纳。就像歌曲里唱的"我们都一样，一样的坚强，一样的青春焕发，金黄色的光芒，哪怕会受伤，哪怕有风浪，风雨之后才会有彩色阳光；我们都一样，一样的善良，一样为需要的人，打造一个天堂。所有的付出只因爱的力量"。我们带着爱的力量开启每一天的生活，我相信一切都会变得更加美好！

设计意图：老师动情的总结，让学生内化于心，达到本节课的活动目标。

特别的爱献给特别的孩子

我一走上工作岗位就担任班主任，孩子的活泼可爱、聪明机灵，让我处处感受到了童真的可贵。细心留意下，我发现，班级中有一个小女孩不合群。她叫陶陶，学习成绩并不差，可就是性格孤僻，从来不主动和同学交往。

这是为什么呢？经过了解，原来陶陶刚出生时是一个健全的孩子，三岁时一场高烧改变了她的命运。年幼的陶陶接受不了又聋又哑的事实，从此，脾气变得异常暴躁，动不动就砸锅摔碗，父母受不了她的脾气，加上工作又忙，根本无暇照看她，没有办法，只好将她送去和爷爷奶奶住。从那以后，陶陶就成了现在这样。

看着陶陶孤单的身影，我特别着急，暗下决心：我一定要帮帮她。

良好的"沟通"是开启聋儿心灵之窗的一把金钥匙。课后我多次找她谈心，一开始，她也不愿意理我，接触多了，慢慢地才放下了对我的戒备之心。有一次，我给她讲了海伦·凯勒的故事，海伦相比她来说更为不幸，但她并没有因为又聋又盲而放弃了生活，反而更加努力地学习，让自己做得比健全人还要出色。听了海伦的故事，她睁着大大的眼睛看着我，脸上露出了惊讶的表情，打着手语对我说："老师，我也可以像海伦一样吗？"我冲着她点了点头。陶陶涨红着脸又说："那为什么爸爸妈妈不喜欢陶陶了？"我一下子愣住了，原来孩子最渴望的是得到父母的关爱啊！我轻轻地摸了摸她的头，一把把她搂在怀里。

为了更好地了解情况，周末我去陶陶家做了一次家访。她妈妈又生了个弟弟，一听说陶陶想回家和爸爸妈妈一起住，她妈妈就哭了，抽泣着告诉我："其实我们也都觉得对不起小陶陶，也想把她接回身边住，但就是担心她控制不了脾气伤害到小弟弟。"我没有多说什么，只是建议他们把陶陶接回家先住着试试看，他们也答应了。回到学校，我把这个好消息告诉了陶陶，她开心地跳了起来，手舞足蹈地跑开了，看着孩子那股兴奋劲儿，我悄悄地流下了眼泪。

为了进一步消除陶陶的自卑心理，私下里，我找来班干部，让他们做陶陶的好朋友。如今多了小伙伴的陪伴，陶陶的脸上逐渐露出了久违的笑容。

在我和同学们的共同努力下，陶陶有了巨大的变化，性恪也慢慢开朗起来，这一切是多么令人欣慰啊！孩子进步了，我的努力没有白费！而从中我也深刻体会到：特别的学生最需要老师特别的关爱，我相信爱的力量是伟大的、是奋发向上的，是能结出累累硕果的。而像陶陶这样的学生则需要更多的阳光和雨露，更多的呵护和关爱！作为一名班主任，在今后的工作中我将怀着一颗慈母般的爱心、细心和耐心，去滋润每个孩子的心田，把特别的爱给每一个特别的孩子。

"领头鱼"式的魅力教育

当9月的阳光洒进校园时，我们班迎来了一位新同学——小英。刚见到她时，她总是紧紧拽着爸爸的衣角，躲在爸爸的身后，脸上写满了胆怯与害羞。

一开始，我认为她的胆怯是因为对新环境的陌生，与同学们相处一段时间后，小英一定会融入班集体中来。可是，一个月很快过去了，国庆节收假后，她爸爸给我打了个电话，说她不愿意上学了。听到这样的消息，我一下子警醒了，难道是前段时间我对这位新同学的关心太少了？还是我先前自以为是的主动融合的想法在小英身上根本不受用呢？在爸爸的再三劝说下，她终于又回到了学校，但似乎比以前更加胆小怯弱了。我知道这样下去肯定是不行的，得赶紧想想办法。于是，我刻意安排几个班干部"潜伏"在她的身边，要求他们与小英同吃、同住、同学习，并随时向我报告她的动向，这样总应该行了吧！可让我意想不到的是这几个班干部在吃了几次闭门羹后，就打起了退堂鼓。唉！又是一次失败的尝试，该怎么办呢？

在我不知所措的时候，偶然翻看到一篇关于"领头鱼"的故事。故事是这样的：

有一条很不起眼的小鱼儿，主人喂食时它总也抢不到，常孤零零地在鱼群外游荡。万幸的是，终于有一天主人发现它是如此可怜，打那以后喂食时都先在它身边撒些饵料。不想这一微不足道的举动，竟改变了小鱼的命运。因为聪明的鱼儿们渐渐地发现：只要在小鱼的周边就一定能得到食物。于是一星期以后一个颇为壮观的场面出现了：一条不起眼的小鱼，领着一个偌大的鱼群在水中游来游去。

这条小鱼儿一开始的命运不就像现在的小英吗？我为何不能让她也成为班级里的"领头鱼"呢？又一个新的想法涌上了我的心头。

经过了解，我发现小英对绘画特别感兴趣，她总是把自己情感最细腻的一面融入线条与色彩中。我以学校举行手抄报比赛为契机，在班上郑重宣布本次比赛由小英负责，全班同学都一脸诧异，她也惊呆了。小英站起身，朝我摆摆手，示意拒绝。我对她投去信任的目光，微微一笑，说："你一定行的！"我拿出她最近两次的美术作业在班上展示，"大家看，小英的画多美啊！老师相信本次比赛由她负责，我们班一定会取得好成绩，你们说对吗？"孩子们看到小英的画，纷纷向她竖起了大拇指。这下，小英的脸红到了脖子根，嘴角却露出了一丝微笑，在大家的注视下，她怯怯地说了句"那我就试一试吧！"下课铃声一响，同学们就都围到了小英的课桌前，有的问："小英，你的画咋画得这么好呢？我真羡慕你！"有的说："小英，你做我的绘画小老师吧！"还有的自告奋勇地说："小英，这次手抄报比赛绘画你包了，书写的任务就交给我吧，咱们合作拿奖！"……一下子，小英的周围像炸开了锅的。

在小英的带领下，我们班的手抄报获得了一等奖，上台领奖的小英，手捧奖状，脸上是自信满满的笑容，那一刻永远定格在我的脑海。通过这件事，大家对她的了解更多了，放弃了先前的偏见，愿意与她敞开心扉，而她与其他同学的交流也频繁了，脸上多了几分阳光，少了几分羞涩。我相信，她已经悄然游进了"鱼群"中。

第二学期开学初，我接到小英爸爸的电话，说她发着高烧，却嚷嚷着要回到学校上课。从最初的不愿回学校，到如今生了病仍着急来上课，小英的这一变化，让我感受到了教育的魅力——教育是可以改变人的！接下来的日子里，我还是像往常一样在小英的身边适时撒些"饵料"，如让她担任班级图书管理员、板报制作总编辑等，每一次的小举措，总让我有欣喜的发现，我知道"领头鱼"的方式成功转化了小英，如今的她早已退去了往日的羞涩与自卑，成了一名阳光自信、成熟稳重的班级"领头鱼"。

苏联教育家苏霍姆林斯基说过："人是要教育的，为此必须懂得用什么去进行教育和怎样进行教育。"通过这个故事，我也深深明白了班级管理工作是极具挑战性的，它总是在各种冲突化解、矛盾解决的过程中曲折前进，这当中不仅有成功的喜悦，也饱含失败的泪水，但我们应在每一次的失败中寻找原因、总结经验，尊重孩子们的个性，因势利导、因材施教，做一名常反思的"智慧型"班主任。

换个思维看风景

当过聋校班主任的老师一定对听障学生爱打小报告的行为深有感触。我们班的小炯就是一个"管事精"，特别爱告状，无论大事小事，跟他有没有关系，一看到我就告状。教室、办公室，甚至连厕所也不放过，这样那样的"告状"如影随形，芝麻绿豆般的小事儿，却说得跟天要塌下来似的。下课10分钟，他要在我办公室最少说上个8分钟，面对这样无休止的"告状"，我有时真是"一个头两个大"，可不管也不行啊。孩子毕竟是在表达，聋校教学的一大目标不就是"要提高听障学生的表达能力"吗？小炯既然有这样的表达意识，作为教育者本应积极鼓励，可作为班主任，我真是喜忧参半，喜的是孩子信任我，愿意表达，忧的是这无休止的"小报告"何时是个头呀？

有什么办法让孩子换种方式告状呢？对了，我可以发挥班干部的力量啊。于是，我选举了班级的纪律委员，让学生把大小事都先报告给纪律委员，由他根据事件的轻重进行处理，处理不了的再由我出面解决。这样既能提高学生自我管理的能力，又能减轻我的负担，这本是个不错的想法，可谁知新上任的纪律委员却成了小炯的代言人，事无巨细统统找我，不仅如此，原本小炯的孤军报告有了纪律委员的加入倒成了"团伙"报告，这又一次让我陷入了苦恼之中。该怎么办呢？

在一次常规的日记批改中，我突然注意到了小炯的作业，那哪叫日记啊，简直就是一纸"诉状"！一庄庄的"罪行"，一条条的罗列，虽说依旧有听障学生行文中常出现的结构混乱、语序颠倒现象，但毫不遮掩的是他热衷打小报告的愿望。我灵机一动，心想：何不来一招"请君入瓮"，将计就计呢？我把批阅好的日记亲手交到他手里，说："老师觉得，你的日记选材不错，今后你就把想告诉老师的那些事都写在日记里吧，这样老师可以更全面地了解班级情况，请你帮这个忙，好吗？"一开始，他有点犯难，毕竟写日记一直是他头疼的事，可为了能顺利地打"小报告"，他还是同意了。使出这招后，整整半天，我还真是清净了许多。午餐后，学生们都回宿舍休息了，我发现教室就剩小炯一人，正咬着笔，歪着头一会儿思考，一会儿又埋头写着什么，我想，他肯定又有事情要向我报告了。在他那儿，绞尽脑汁想的是交给老师的"状子"；在我这儿，那可是提高学生表达和书写能力的绝好契机啊。

9月28日，小林上数学课不认真，老是和后桌聊天。

10月16日，体育课，小邓穿拖鞋，黄老师让他回宿舍换鞋，但他说脚趾受伤了，不肯去。

11月15日，小明和小华都没有在食堂吃早餐，因为小赖又偷偷帮他们从外面买早餐了，我们在班会课上制定的"不能在外面买早餐回学校吃"的新班规，他们违反了。

看着这些"状子"一天比一天写得好，我发自内心的高兴，这不仅使我从"小报告"中脱了身，又能解决学生间的问题，还锻炼了学生的语言表达能力，真可谓是一举多得啊！我索性在教室挂上一本"报告簿"，让全班同学都可以顺畅打报告，甚至被点了名的同学还能在"报告簿"中做自我辩解。慢慢地，"报告簿"中也出现了好人好事的记录，"报告簿"可以改名为"班级大事记"了。如今我们班的报告员少了，纪律好了，班风正了，最乐的还是我呀！回头想想，面对学生的问题，班主任换个思维来处理，会有意想不到的收获哦！

宿舍风波

特殊孩子的家长背负着"没能给孩子一个健康、健全的身体"的思想负担，他们在孩子身边常常扮演"保护伞"的角色，过分溺爱孩子，认为他们是弱势群体，理所应当受到格外的保护。作为特教班主任，我们要做好家长的教育导师，让家长学会从教育的角度出发，放手让孩子成长，鼓励他们勇于去实践、去探索，积累孩子们的感性认识和社会经验，为他们今后更好地回归主流社会打下基础。

接手新班第一天，接到了传说中"最难搞"的小吴妈妈的电话："老师啊，我儿子是不能住在301宿舍的，你必须马上把他换到302宿舍，如果你不同意，我就去找校长。""小吴妈妈，您先别着急，让我去了解一下情况，然后再说好吗？"

放下电话，我赶紧往学生宿舍走。果然，远远就看见小吴和他爸爸拿着一堆行李，站在301宿舍门口迟迟不肯进去。

我走到小吴跟前，打着手语对他说："301宿舍都是我们自己班的同学，大家住在一起，不是很好吗？"一听我这样说，小吴的眼眶开始红了，我大概猜想到，301宿舍里一定有故事。我立马致电小吴的原班主任了解情况。原来小吴和小李本是班上最要好的朋友，因为一次宿舍劳动的问题发生了争执，从此友谊出现了裂痕，开始出现各种不和谐。原班主任也劝我最好帮他们把宿舍换了，要不然以后肯定是麻烦不断。不在同一个宿舍，还在同一个教室呀，我坚持换宿舍是解决不了根本问题的看法。

于是，我就把小吴带到301宿舍，他虽然还是很抗拒，但碍于我是新班主任，就跟着我进了宿舍。我特地拉着他走到小李的床边坐下。我说："这是小李的床，听说你们以前是好朋友，现在又住同一个宿舍，难道不好吗？"一听我提到小李，小吴的眼眶又红了，我见状，又问："你们俩是不是有什么误会，看看老师能不能帮上忙？"小吴似乎有点儿动容，慢慢地对我讲起了事情的原委，我明白了这两位学生之间的矛盾不过是缘于小误会，只是彼此心里过不去那道坎。

正说着，小李恰巧也来到了宿舍，一见小吴和我正坐在他的床上，掉头就走，我立马叫住他。其实小李早就原谅了小吴，只是碍于面子，见小吴不理他，他也不愿迈出第一步。把事情说开了，误会消除了，小吴对301宿舍的芥蒂就不存在了。小吴的爸爸也非常给力，见儿子的态度缓和了，这时刚巧到了饭点，他提议带两个孩子一起去外面吃个饭，小李和小吴都还有点别扭，我在一旁说道："多大点事儿啊，做朋友总比做仇人强吧！"小李和小吴相视一笑，小李主动帮小吴把行李放进了301宿舍，然后他们三人一起出去吃饭了。

过了一会儿，小吴妈妈的电话又来了，这次她的语气中带着一些歉意："老师啊，我儿子说他不用换宿舍了，谢谢您啊。因为他不会说话，平时我们和他沟通不了，在家里基本上他说什么就是什么，有时候确实太任性了，但我们也没有办法呀，还是你们老师有办法。"

事后，我又和小吴妈妈聊了聊。建议她平时多和小吴进行笔谈，有什么事好好沟通，不要一味地满足孩子提的要求。小吴妈妈也采纳了我的建议，并告诉我，现在小吴懂事了很多，和孩子的沟通多了，自然感情就深了，感觉这么多年来，第一次走进孩子的内心世界。慢慢地，小吴妈妈和我都快成朋友了，我们常常互相沟通和探讨孩子的成长问题。我想教育学生的同时，也要积极向家长传输正向的教育理念，特殊学校的班主任既是学生的领路人，也是家长的导师。

教育家苏霍姆林斯基说："最完备的社会教育是学校—家庭教育。"在影响孩子成长的各种因素中，家庭教育和学校教育是最重要的两种力量，整合家庭教育和学校教育，形成教育合力，对孩子的健康发展非常重要。作为班主任，我们还会遇到各种各样的问题，让我们在发现问题、解决问题、总结问题的过程中不断成长吧！

班级星工厂

周五下午的班会课，我兴冲冲地走进教室。咦，怎么小李又迟到？不仅如此，后排的几个男生也像是被霜打了的茄子，一点儿不像开学初上班会课那么翘首以盼地等着我公布本周的"班级之星"了。看到这样这一幅情景，我原本美好的心情早已荡然无存，使劲拍了拍讲台，把学生的注意力都吸引到我的身上来，并严肃地问："小李呢？他怎么又迟到啦！""老师，他说肚子疼，要请假，估计这节班会课又上不了了。"又是肚子疼，上节班会课也说肚子疼，怎么一到班会课，小李就肚子疼呢？这可不行，"班长，你去把小李叫来。"过了一会儿，班长回来了，说小李不愿意来上班会课。我一下子火了，怎么能这样无视课堂纪律呢？说不来就不来吗？我真想马上冲去宿舍看看他到底怎么了，可教室里还坐着十几个学生等着我上课呢。好吧，我强忍着怒气，联系校医去宿舍一探究竟，我则继续上班会课。"同学们，本周的'班级之星'是……"

一下课，收到校医的电话说学生身体很好，没检查出什么问题。我怒气冲冲地直奔宿舍，准备兴师问罪，只见小李背对着我站在阳台，一手拿着语文书，一手拿着笔正在练习默写文言文。我该说什么呢？他宁可假装肚子痛躲在宿舍背书，也不愿意去上班会课，这背后一定有什么原因。我深吸一口气，使自己的情绪先稳定下来，问："小李，你肚子还疼吗？""不疼了。""那你为什么不去上课？""我不想上，反正'班级之星'又不可能是我，我去不去都一样啊。"听了小李的话，我心里咯噔了一下，"班级之星"本是以榜样激励的方式让学生向好、向上的，小李为何有这种想法啊？此时，我原先的怒气已消除了一大半，调整好情绪，微笑着对小李说："如果你做好了，努力了，你也有机会成为'班级之星'的呀。"小李摇摇头，说："老师，你每次都这样说，可是你想想，开学快两个月了，'班级之星'就是那几个同学，什么时候轮到我们这些后排男生啊？"

回想这段时间以来的"班级之星"，确实一直都是班里成绩优异的那几个女生，后排调皮的男生，虽然也有了很大进步，却一次没有获得过。难怪刚才上课时，后排的那些男生对"班级之星"的人选一点兴趣都没有，原来他们早已给自己定了性，认定自己不可能成为"班级之星"。而造成他们有这种想法的罪魁祸首就是我这个班主任。虽然我一直说要公平地对待班上的每一个学生，可无形当中，我的天平还是偏向了成绩优秀的学生，让班级的这种激励机制形同虚设，也让那些本想通过努力得到老师肯定的学生一次次地被泼了冷水。看来我得改变这种做法了。

我微笑着对小李说："首先老师向你说声对不起，可能之前忽略了你们的感受。但在老师的心里，班上的每一个学生都是一样可爱、一样重要的，每个人都可以通过自己的努力成为'班级之星'。"小李挠了挠头，说："真的吗？老师，在你心里我们都一样吗？"我郑重地点了点头，说："是的，你们都一样。继续努力，把你的优势发挥出来，你一定会得到同学们的肯定的，说不定下次的'班级之星'就是你了。""真的吗？老师对不起，今天我不应该逃课的，下节班会课我一定到。"我点了点头，说："今后心里有什么事情要及时告诉老师，通过逃课这种形式来抗议是不可取的，知道了吗？走吧，我们现在就回教室，同学们还在教室商量做板报呢。这次轮到你发挥了，你得好好设计，把你的绘画特长展示出来。"说完，小李满眼放光，兴奋地跟着我回教室了。

在小李的带领下，同学们通力合作，定版面、找内容、上颜色，小李提出运用篆刻的方式呈现中华传统书法文化，以卡纸做竹简勾边的大胆创新，如一股清流，极具特色，我班的板报获得了校一等奖，他被同学推荐为"班级绘画之星"。小李的这颗新"星"也让后排那些男生们看到了收获"星"的希望。

只有能够激发学生进行自我教育的教育，才是真正的教育。"班级之星"作为班级管理中的奖励机制，班主任要坚持"一个都不能少"的原则，充分合理地运用它，发挥正向强化的最大作用，让班级成为学生梦想的"星工厂"，让每个学生都能成为冉冉上升的明日新星。

放松心态，轻松应考

　　3月至4月，是全国部分高校一年一度面向特殊教育学校学生的单招单考时期。为了迎接高考，学生在黑板的右上方做了一个小小的高考倒计时。当倒计时定格在距离高考还有21天时，那天早上，我一到教室，班长就告诉我："老师，小李昨晚没有上晚自习，他一个人躲在宿舍，我去叫了几次，他也不肯来教室上课。"离高考还剩21天了，大家都在争分夺秒地学习，他怎么能不上晚自习呢？这时，我脑海里慢慢浮现出小李这两天的表现：上课注意力不集中，课后作业也没有及时上交，跟他说话，总感觉他有点心不在焉。看来小李是遇到什么问题了，我得找他聊聊。

　　下午自习课时，我到教室发现小李又不在教，放眼校园，也没找着他，后来又是在宿舍找到了他。他见我到了宿舍，坐了起来，耷拉着脑袋。我说："你哪里不舒服吗？要不要去校医那看一下？"小李摇摇头，无耐地说："老师，我就是不想在教室待着，一看到书，我就烦躁，根本静不下心来学习。看到别的同学认真看书的样子，我就更加烦躁，所以我就躲到了宿舍里。"从小李的描述当中，我读到了他的焦虑，我想他这是典型的考试焦虑，离考试越近，他就越烦躁，如果不能及时解决的话，有可能会越来越焦虑，直接影响他的考试。既然小李愿意告诉我他心里的想法，就表明他对我的信任。我笑着对他说："小李，马上下课了，他们几个男生约着去打篮球，你要不要也参加呢？打会儿篮球，出身汗，再冲个凉，有什么事我们晚自习时再聊，好不好？"大概是没有想到我会叫他去打球，他一脸诧异地看着我，我冲他点了点头，说："男子汉，有什么坎是过不去的。进入高三后，都很少看到你们打球了，今天我特批你们可以打一小时的篮球。"小李听了，高兴地跳了起来，随着下课铃声响起，他一溜烟地跑去操场了。

晚自习时，我找来小李，了解他最近的思想动态。这段时间，妈妈常常唠叨，要他认真学习，一定要考上大学。自己的压力很大，越是想学，越是学不好，前两天的模拟考试成绩很不理想，所以内心非常焦虑。在听小李述说的过程中，我无意看到桌面上下午同学交来的默写作业。我拿出小李作业的说："你看，每次默写，你不是第一个完成，就是第二个完成，而且那么长的文言文，你一个字都没错，我觉得你学习很认真，而且也很聪明。我读高三时，默写可没有你这么厉害啊。"小李听了，害羞地笑了，又摇了摇头说："老师，我数学不好，肯定考不上大学。""现在距离高考还有21天呢，21天可以改变很多事情，数学老师说你其实很聪明，我们抓紧时间，能补多少算多少，不试试怎么知道自己不行呢？那么难的文言文都能搞定，数学你一定行的。"小李点点头说："老师，我试试吧。"我对他坚定地点了点头，并向他竖起了大拇指。

事后，我又联系小李的妈妈，让他平时多和小李心平气和地聊天，除了关心小李的学习外，还要多关心小李的心理状况，越是临近考试，越是不能给小李太大的压力。

我想，班主任面对学生出现考试焦虑的问题时，应多加鼓励，多让他们去认可自己，发现自己的闪光点，相信自己可以做得更好。让学生在考试前适当地放松自己，如打打篮球，不要给自己太多的压力，做一些自己喜欢做的事情，调整心态。让学生学会以平常心来对待考试，这样才能更好地学习和应对考试，也交上一份让自己满意的答卷。同时，我们也要寻求家长的帮助，让家长也要放松心态，以平常心对待孩子的考试，不要给孩子施加压力。这样，学校、家庭、学生三方面共同努力，以积极的心态面对每一次考试，给学生一个相对轻松的应试环境。

从孤单中走出来的小宏

记得我接手的一个新班，班上有一位有多重障碍的学生小宏，他一出生就被诊断出脑瘫并伴随中度听力障碍。他的四肢极不协调，手语打得特别僵硬，跟他不熟的人，根本不知道他要表达些什么。由于嘴角肌肉萎缩引起口唇闭合不佳，常年挂着口水，每件衣服的胸口上都满是霉点，班上的同学对他避而远之。看到形单影只的小宏，我在思考：怎样才能帮助小宏更好地融入班集体呢？

一早，我找到小宏，手里拿了几包便携式的纸巾，笑着对他说："小宏，你看这个纸巾漂亮吗？"他看着纸巾上的卡通人物顿时来了兴趣，歪着小脑袋凑过来看了看，比画着说："还很香呢。"我接着说："小宏，老师把这包漂亮的纸巾送给你好不好？只要口水流出来就及时擦掉，这样我们就没有流口水的烦恼了，你也会变得香香的。"小宏抬头看了看我，我一脸真诚地冲他点了点头。在我肯定的眼神里，小宏收下了我送给他的纸巾，吃力地点着大拇指对我说："谢谢！"

接下来的日子里，我经常看到小宏主动擦口水，有时忘了，我也会及时提醒他。慢慢地，他的胸前不再像以前一样一片湿哒哒的了。我及时在班上表扬小宏："同学们，你们有没有发现小宏最近的变化呀？"在我的提醒下，同学们说小宏变干净了，我趁机鼓励全班同学一起帮助小宏养成及时擦掉口水的好习惯。我也与家长及时沟通，让家长给小宏多准备一些印有卡通人物的漂亮纸巾。

一天下课后，同学们都跑出教室玩了，唯有小宏一人在教室里，我待在门外静静地看了好久。原来他因为我说下节课要检查课文的手语，他正用自己僵硬的手指练着上课教的手语，虽然动作很难协调，但能看出他打的都是对的。他一边练着手语，一边用纸巾擦着口水，几遍下来，额头上都渗出了汗珠。那一刻，我的内心是满满的感动。我赶紧拿出手机，将这一幕悄悄地记录了下来。

"老师，他不会打手语，我们不要和他一组。"语文课上，我们分组用手语朗读课文，小宏默默地坐在位置上，没有一组同学愿意接受小宏。我走到小宏身边，问："小宏，昨天老师教的手语你会了吗？"小宏点了点头。我对同学们说："同学们，老师想给大家看一个视频。"于是我把昨天录的小宏认真练习手语的视频投屏到电脑上，当同学们看到小宏用我们能够看得懂的手语将课文内容打出来时，大家都鼓起掌来，而小宏也羞红了脸，他没想到自己的努力被人看到了。最终小宏成功加入了第三小组，并以4颗星（满分5颗星）的成绩完成了课文手语朗读。这次课后，小宏上课更加积极了，手语也进步了不少。在大家的共同努力下，小宏笑容多了，他正慢慢融入班集体。

只有集体和教师首先看到学生优点，学生才能产生上进心。班主任要爱每一位学生，努力发现学生的闪光点，让他们在班集体的滋养下共同成长。

（叁）

第三辑

幸福的教学成长

我与聋语的缘分

2007年9月，阳江市特殊教育学校正式开学，我成了一名聋校语文教师，这一教就是16年。其实我高中读的是理科，学的还是物理和化学，数学也还一直不错。但为什么后来会成了语文老师呢？这还得从读大学时说起，大二的时候我们进行了专业细分，我选择了特殊教育中的聋教育方向。这时聋校语文教法和聋校数学教法就成了我们学习的主要科目，也许是聋语专业课程老师的幽默，也许是骨子里就有做语文老师的"潜质"，我对聋语的兴趣明显高过聋数，写出来的教学设计也经常能得到聋语老师的认可。

后来我去到扬州市特殊教育学校实习，负责指导我们实习工作的也是一位语文老师，那是我第一次真正地走进听障学生语文课堂，看到手语在课堂上运用。也是在实习过程中，我的手语水平有了质的提升。这位实习指导老师对我后来的教学风格有着很大的影响，在听她课的过程中，我深刻体会到听障学生的语文课堂要紧密联系学生的生活，尤其是低年级，脱离生活的课堂教学对于听障学生来说是没有意义的。同时，我也明白情境的创设对于学生知识的获取也是很重要的。

实习的日子，让我对如何上好聋校语文课有了更进一步的认识，还记得上完实习汇报课后指导老师的点评：我们在教学设计时要认真分析教学对象的特征，才能设计出符合学生学情的课堂来。课堂上要注意关注每一位学生，我们的课堂人数不多，一节课要争取让每位学生都有发言的机会。最重要的是，课堂上要以学生为主体，不能是老师一人自导自演。这些建议在我后来的教学过程中一一都进行了落实，也让我的语文课堂成为学生们快乐获得知识的天地。

2007年8月，学校开学前夕，学校教务室进行排课安排，征求我的意见，是教语文还是数学，当时我坚定地选择了语文，这样我一教就是16年，从小学到初中，又从初中到高中，每个阶段都教过。

学校刚开学那会，教学条件各方面还不是很完善，教室里没有多媒体教学设备，要想上一节生动精彩的语文课，需要老师做很多教具来辅助教学。听障学生因为生理原因，很多知识都需要形象直观地来呈现，还记得为了讲读课文而抄写大字课文，为了讲解生字而手动配图，为了讲明白一个道理，老师得化身为演员，十八般才艺来展示，常常一节课下来，就像是演了一出精彩的话剧，但看到学生爽朗的笑脸、收获知识满足的眼神以及模糊的"谢谢老师"时，我们一切的付出都是值得的。

16年的聋语教学经历，我在教学中反思，在反思中总结，大胆创新，从识字教学到句子教学，从阅读教学到作文教学，形成了一套具有个人教学风格的教学方法。承担高中语文教学任务时，我认真研究各个高等院校的考纲要求，根据每届学生的学习特点，制订了适合他们的复习计划，也形成一套听障学生语文高考复习资料库。同时，我将绘本引入聋校语文教学当中来，借助绘本的特点，开展有特色的绘本阅读教学，根据各年龄阶段教学重难点，将绘本与识字教学、句子教学、仿写教学等联系起来，激发学生阅读兴趣，培养学生阅读习惯，提高学生阅读水平，进而提升学生的语文综合素养。在此过程中，我带领语文教研组积极开展课题研究，顺利结题了一项省级课题，又成功申报了一项省级课题及一项省级精品课程。接下来和大家分享的就是我在教学过程中的反思以及在绘本阅读教学中的实践。

聋校语文高考的思考与对策

近年来，国家对特殊教育重视的程度越来越高，听障学生接受高等教育的范围也在慢慢扩大。对于一些办学不久，或是刚刚开设高中班级的聋校来说，面对听障学生高考，多少会存在一些担忧与畏惧。语文，作为聋校教学中的一门重要学科，我们该怎么面对呢？根据自身几年的高中语文教学经验，简单谈谈对聋校语文高考的思考与研究。

一、听障学生高考的意义和目的

听障学生在经过九年义务教育后，通过选拔，可以继续经历高中教育。如果想在某一方面，如绘画、舞蹈、计算机等领域有更好的发展，聋人大学是一个不错的选择。通过高考，进入大学的听障学生，在人生经历方面相对而言会丰富很多，他们可以接受和普通人一样的教育，激发他们在各方面都要努力的动机。经过大学洗礼的听障学生，在人生观、世界观方面也会有很大的改进，他们眼界广，做事更成熟，也能更好地融入主流社会中去。听障学生高考就是他们走向高等学府的一条大道，通过这条大道，他们有可能会走向人生更辉煌的阶段。

二、听障学生高考中语文学科占据的地位

语文学科，作为听障学生获得知识的主阵地，在听障学生高考中占据着不可替代的地位。语文是一门基础学科，数学、计算机考试中会有大量的文字描述，如果考生不能正确理解那些文字的含义，就很难正确地完成考试。所以，听障学生在备考阶段，要重视语文学科的学习，合理分配学习时间，不要偏科。

三、如何对待听障学生高考中的语文学科

听障学生在备战高考时，应该怎样对待语文学科呢？老师和学生都要有正确的方法。老师要引导学生养成良好的学习习惯，掌握高效的学习方法，这样才能事半功倍。

（一）信心——高考的必需品

不管做什么事情，都要有一定的内驱力，只有真正地对高考充满热情，不畏惧，我们才能战胜它。很多听障学生一提到语文考试就害怕，为什么呢？因为他们害怕写作文，一旦怕了，就更难去面对了。第一步，我们要帮助学生克服这种畏难的心理，要抱有"别人可以学好，我也一样可以学好"的积极心理，面对高考，要有一种战胜一切的信心。

（二）合理分配各学科之间的学习时间

我们要根据各学科的特点来合理分配学习时间。如早上，头脑最清醒的时候，我们可以背一背语文考试中需要识记的内容；做数学题做累的时候，我们可以看一篇优秀小作文来放松一下。每个学生都有适合自己的学习特点，所以在时间分配上也要考虑一下自己的学习习惯，力求高效学习，让各科均衡发展。

（三）掌握有效的复习方法

应对语文高考时，我们应该怎样更有效地复习呢？

1. 分析考纲，有针对性

听障学生高考是采取单招单考的形式进行的，每所高等院校都有自己的考纲范围。在确定好报读哪所院校时，我们一定要认真研究这所院校的考纲范围。老师根据学校开设的课程及学生的实际学习状况，选择几所比较适合学生报读的院校，进行考纲上的研究，找出共同点，区别对待不同点。这样复习起来就有针对性。

2. 回归课本，有基础性

不管选择哪所院校，落实到学习上来，都要回归课本。一般在第一轮复习时，我会把考纲范围内的参考篇目统一出来。回到课本当中去，字词、文学常识、重点段落阅读等，在课本中都有所体现。课本的知识是出卷老师的重要参考，回到课本中，打好基础，是每个考生必做的一个环节。在临考前的一两个月，考生也可以再把课本拿出来看看，记记重点字词，读读重点段落，也可以缓

解一下考试前的紧张心情。

3. 分类复习，有条理性

我们要对知识点进行梳理，分类复习，这样更显得有条理性。如分析广州大学市政学院的语文考纲后，我们知道语文基础知识占24%，古诗文默写占6.7%，现代文阅读占21.3%，古诗文阅读占8%，作文占40%。语文基础知识的题型都是选择题，主要考的内容包括错别字、成语的用法、标点符号、病句、文学常识、句子的连贯性等。根据这一系列分类，老师和学生共同制订复习计划，列出复习清单，这样复习起来，就更有条理性。

4. 归拢复习，有综合性

分类复习一般安排在第一轮进行。第二轮复习，要要是行综合性的复习，阅读可以跟基础知识的复习连在一起，又或者把作文复习和阅读合在一起复习。同时，老师可以根据各所院校的历年试卷，出相应的模拟试卷，检查学生的复习状况，这个过程也是在进行综合性的复习。

5. 查漏补缺，有全面性

在复习的过程中，考生应准备一本错题集，把自己经常做错的题或是很难记住的知识点记录在一个本子上，等复习到最后阶段的时候，再拿出来看一看。

（四）正确对待考试

听障学生在面对语文高考时，复习方法很重要，心态也很重要。拥有了良好的心态，就已经成功了一半。对待考试中的重头戏——作文，考生更要沉着冷静，认真读题，分析题意，遇到较难理解的作文题目时，不要着急下笔，列好提纲，按照平时写作的方法来完成高考的作文。

四、听障学生高考的反思

高考对于听障学生来说只能算是人生的一种经历，我们要重视它，但不能神化它。考上大学的听障学生接受了高等教育，有了新的人生，没有参加高考的听障学生同样可以学习一门技能，让自己的人生有所依托。不管是否参加高考，听障学生接受教育的最终目的都是一样的，那就是融入主流社会，像正常人一样参与社会生活。选择高考的听障学生，这个过程中有成功，亦有失败，不管怎样，我们都要以积极良好的心态去面对。

浅谈聋校作文教学的现状及对策

聋校语文教学中，一提到作文，不管是老师还是学生都会头疼，老师教得难，学生写作更难。针对听障学生作文语不达意、结构混乱等现状，结合自身教学实践，对作文教学的现状、成因稍作分析，并在此基础上提出对策，以提高听障学生作文的整体水平和能力。

一、现状

聋校作文教学一直是个难点，翻看学生独立完成的作文，很少有学生能够写出一篇语句通顺、思路清晰的作文。大多数学生的作文语不达意，结构混乱，空洞无物。高年级的学生不能写一段通顺的话，是"正常"情况。老师精心的付出，得到的很少；学生自己也急，多次写不出令老师满意的作文，慢慢对作文失去了兴趣，提到作文，就望而生畏。一旦失去了兴趣，老师教起来就更困难了。为什么会有这种情况呢？

二、成因

结合教学实践，我认为造成这种现状的根本原因如下。

（1）听障学生由于生理缺陷造成语言发展迟缓，语言发展水平严重滞后，学生词汇贫乏。对于普通学生来说，基本的词汇来源是自然的语言交流，而听障学生由于自身的缺陷，获得信息的渠道就受到了堵塞，严重影响了他们的词汇积累。

（2）听觉障碍破坏了听障学生对外界认知的丰富性和完整性，加之现行聋校封闭的管理模式，导致他们生活体验不足，信息缺乏。语言是信息传播的重要载体，听障学生的听觉障碍致使他们难以利用这个载体获得丰富多彩的信息，视觉的代偿功能并不能弥补这个缺陷。作文取材于生活，生活体验不足，是听障学生无话可说的一个重要原因。

（3）听障学生语言逻辑能力差，教师没有充分重视写作指导。听障学生获得语言的渠道甚为狭窄，由于听力损失，他们的抽象思维难以正常发展，很难用通顺、完整的语言表达思想。听障学生作文现状的不容乐观，教师的指导就缺乏激情，对作文的教学研究望而却步，难以形成一套完整的教学方法。

三、思考与对策

听障学生经过学校的教育最终是要回归主流社会的，口语和手语很难满足他们与大众的交流，书面语成为他们融入主流社会的突破口。作文教学是听障学生书面语发展的关键。鉴于上述现状和原因，我就自身的教学实践谈谈以下方法。

（一）多读多看，扎实基础

俗话说："读书破万卷，下笔如有神。"要想写出好作文，就一定要多读，听障学生由于自身的缺陷，获取信息的渠道受到了堵塞，为了更多地获取信息，扩大作文的取材面，就要多读。读也要讲究方法，看到什么就读什么，没有目的的阅读对学习语言的效果不大，教师要适当指导，让听障学生选择符合其阅读理解能力和学习层次的读物。平时在教学中，我注重学生读报，报纸大都是图文并茂的，符合听障学生的阅读习惯，帮助学生了解身边发生的事，积累作文素材。某日报纸上讲述某村的橘子大丰收，报纸上还有一幅大大的插图，是农民伯伯们摘橘子的丰收景象。后来刚好写到关于《我的家乡》的作文，生活在这个村的学生就有素材可选。我还让学生多读一些同龄普通学生的优秀作文，让他们了解更丰富的学校文化生活，开阔他们的眼界，挖掘更多的写作素材。

多读还要多看，学会按顺序观察，抓住事物的关键，"以目代耳"，用自己的双眼了解生活，发现生活中的美。

多读多看，不断地丰富自身的生活经验，在生活中获得作文素材，扎实基础，才能写出"有血有肉"的文章。

（二）善于发现，灵活运用

在读书看报的过程中，总会发现一些优美的句子或段落，我鼓励学生不妨做个有心人，把它们摘抄下来，长此以往，看得多，积累得也就多了。这既是一个积累的过程，又是一个享受美的过程。学生都能通过阅读不同题材的读物，发现一些优美的句子或段落，教师带领全班学生共同分享他们所发现的美，这样每个人的发现都有了意义，学生就更愿意去读，去发现美。这些美被学生记录下来后，教师指导学生灵活运用，把美运用到自己的作文中，让自己的作文也变美。学生读完《桂林山水》后，把作者描写山水优美景色的句子摘抄了下来。当写到《我的家乡》时，有个学生家在山里，而且就是那种依山傍水的美丽村寨，学生一开始下不了笔，教师提醒：你想想《桂林山水》中，作者是怎么描写山水之美的？学生茅塞顿开，翻开摘抄本，细细读了一番，便开始构思自己家乡的山水之美。

"发现"不仅是发现别人文章中的美，还要发现生活中的美，同学之间的乐于助人，父母的辛勤劳动，校园的优美环境等。教师指导学生善于发现，积极记录，积累素材。选材困难时，翻一翻摘抄本，把自己的发现灵活运用到作文中，写出美。

（三）掌握方法，勤于练习

多读多看，发现美只是为积累写作材料做准备，要想写好作文光有这些是不够的。听障学生语言表达能力和逻辑性思维差，他们不善于选择适合的素材，按照一定的顺序把头脑中的形象和概念编码成汉字符号。这就需要教师加强指导，使学生掌握方法。

1. 看图写话

看图写话是听障学生开始写作文的练笔，其关键是要让学生学会观察，学会自问，从图中发现内容。例如，聋校语文第九册教材中，16课课后练习中有一道看图写话的练习题。图中有四条金鱼，颜色各异。作文要求是：观察图中金鱼的颜色、活动情形，说、写一段话。我在指导这篇作文时，首先让学生按照从整体到局部的顺序进行观察，接着让学生提问题：你看到了什么？一共有几条金鱼？它们的颜色分别是什么？再根据每条金鱼的活动情况分别观察叙述。观察过程中，让学生体会观察是按一定顺序进行的，用自问的方式，把图中的信息全部表达出来。

2. 仿写

仿写也是听障学生写作的基础。在仿写过程中，往往会出现照搬原文的现象。仿写是在要求学生理解原文、掌握原文结构的基础上进行的。教师要指导学生理解仿写的概念，用原文的写作方法来完成自己的作文。

如聋校语文第十一册教材中，学习了第3课"我的'小花鹿'"后，教材要求仿写。"小花鹿"是一个储蓄罐，教师同样拿出一个储蓄罐，只是样式不一样，让学生按照课文中的记叙方法，把展示的储蓄罐的样子（形状、颜色、大小等）和用处描写出来。由于"换汤不换药"，学生写起来相对容易。当学生掌握了这种写作方法时，教师再换另一种文具（或玩具）让学生写，就水到渠成了。

3. 开放式作文

在看图写话和仿写的基础上，作文要求不断提高，高年级的作文都是以开放或半开放的形式呈现的。例如，生活中有许多你熟悉的人，他们的外貌、语言、动作、神态，他们所做的事情会给你留下深刻的印象。选择你最熟悉的一个人的一件事，通过这件事反映这个人某一方面的优点。用一两段话写下来，要把事情写清楚。面对这种作文题目，刚开始学生很难把握作文的要求。首先教师指导审题，抓住题眼：熟悉，一件事，优点；接着指导构思，先想一想该怎么写；然后讨论，大家说一说；再动笔写；最后还要改一改。基本按照"审题—构思—讨论—写—自改"的方法进行。

"勤能补拙"，掌握一定方法后，指导学生勤加练习。例如写日记，结合老师教的方法，把每天看到的、自己经历的，或者对某件事情的看法写在日记里。起初大部分学生是记流水账，但教师依旧要鼓励他们多写，培养写作兴趣，并适当给予指导和修改，日积月累，总会有成功之时。

（四）学会自改，完善内容

传统聋校语文教学中，教师在作文批改时，句子修改、批语，体现的是教师个人的主观思想、意志及遣词造句习惯，并将这一切强加于学生的作文上，使学生处于被动地位，其写作的积极性难以调动。教师改，学生看，学生看到的只是一片红笔批改后的作文，至于为什么要这样改，便不是他们的事儿了。因此，作文教学要重在培养学生自己改的能力。《聋校义务教育语文课程标准（2016年版）》中也指出：重视引导听障学生在自我修改和相互修改的过程中，提高写作能力。所以我便要求学生在完成作文后，不是急着交给老师改，而是自己先多读几遍，找找文章中的不足，同学之间也可以互相改。这一步刚开始，学生很难做到，大部分学生在写完作文后，不会检查，更不会发现自己的不足之处。在此之前，教师可以指导学生进行改病句练习。教师把平时在学生作文中常出现的病句积累起来，再拿给学生改，长此以往，学生的典型病句就会慢慢减少。作文完成后，养成自改的习惯，激活了作文教学，使学生由怕作文到爱作文，再到乐作文，更会自主改作文，真正成了作文的主人。

(五) 分享交流，充实自我

一个人的作文进步了，我们要让他带动全班同学共同进步。所以，我在教学中特别注重学生作文的分享与交流。例如，前面所提到的关于看图写话的例子，学生在描写四条金鱼时，可能某个学生在观察黑色和白色两条金鱼时特别仔细，描写得很细腻，而另一个同学把笔端集中在对红色金鱼的描写上。这时学生把作品拿出来交流，既可以让自己优秀的一面得以展示，还可以借鉴他人的长处，充实自我。这种良性循环一旦形成，就会带动全班作文水平的提高。

同时，我还在班级中开展优秀作文评比，也会向其他班级征集优秀作文，把每一个阶段的优秀作文张贴在板报中，让大家共同学习分享，以此调动学生的积极性，培养学生的写作兴趣。为了鼓励学生不断写出优秀作文，还可以把学生的优秀作品寄往报社，一旦刊登，对学生会有极大的推动作用。

总之，教师要针对目前听障学生在写作中所存在的现状及成因，从各方面入手对听障学生进行切实可行的写作指导。当然听障学生作文能力的提高是长期艰苦的过程，需要听障学生自身努力和教师精心培养。作文教学仍是聋校语文教学中值得深入研究的课题，还需要我们广大教师在教学中进一步探索和提高。

从生活中来，到生活中去

——浅谈聋校作文教学生活化

生活是作文的源泉，背离生活的作文是空洞的，是没有情感的。教师在进行作文教学时，大都会依据教材中提供的材料。但目前所用的聋校教材已经较陈旧，与学生们现实经历还是存在着一定差异的。教师按照传统教学方法，从审题到立意到动笔写，学生的脑海里难以找到与之相匹配的生活材料。对于听障学生来讲，由于听力的丧失，对生活的感知缺乏完整性，生活经验不够丰富，头脑中难以形成完整的知识体系。所以说，在聋校，作文教学必须走生活化道路，从生活中来，让学生贴近生活，学会观察体会；再让学生到生活中去，引导学生描写原汁原味的生活。

一、从生活中来，让学生贴近生活

（一）以图引路，逐步走向生活作文

《聋校义务教育语文课程标准（2016年版）》明确指出："写作教学应贴近听障学生实际，让听障学生易于动笔，乐于表达，应引导听障学生关注现实，热爱生活，积极向上，表达真情实感。"如何让学生乐于表达呢？听障学生虽然丧失了听力，但他们的形象思维较好，用形象的图画引路，为学生提供素材，让他们有话可写，有情可表，再逐步训练他们的抽象思维，逐步走向生活作文。看图作文，是最直观、最基础的作文训练，对于听障学生来讲，这种作文训练是颇为适宜的。教师应根据不同的作文训练要求，提供合适的图画，提供的图画要与学生的学校生活、家庭生活、社会生活有密切的联系。

例如，我们在指导学生完成作文"你最喜欢的小动物"时，学生对"动物"一词的理解还存在一定的误差。当教师出示一幅可爱的小狗挂图时，问学生，你们喜欢它吗？学生有的说喜欢，有的说喜欢小花猫，教师再出示一张小花猫的图片（课前需多准备几张图片），同时还出示一些反映这些小动物平时生活习惯的图片。紧接着教师根据作文要求提出一些问题：你为什么喜欢它？你家里养过吗？在养小动物的过程中发生了什么故事？学生看到图，话匣子就打开了，有的说图片和自己以前养小狗的情景很像，有的在向同学们介绍他家以前养的小花猫是多么的可爱……这样的一节作文课虽然教师设计很简单，但是从生活中来的图片，让学生有话可写，同时也让学生明白作文本来就是生活的文字化，从而不再惧怕作文。

（二）把学生生活化的手语表达转变为书面表达

听障学生中普遍存在一种现象，就是在教师讲解作文要求以后，大部分学生能用手语清晰地表达出他们作文所要表达的中心，但手语表达的内容都偏生活化。生活化的手语是听障学生对生活最直接的表达方式，如果教师能够巧妙地帮学生把生活化的手语表达转变为书面表达，那么转变后的作文将是最能表达听障学生心里所感、脑中所思的。

例如，在指导学生完成作文"校园的早晨"时，校园的早晨对学生来说很熟悉，是每天都要经历的。作文要求学生观察校园的早晨，看看早晨校园里会发生什么。这篇作文是在学生有观察基础上进行的，所以学生也有话可说。教师将学生的表达全部记录下来，甲同学：早上卫生打扫完了，我去打篮球，去教室读书。乙同学：我参加舞蹈训练，很累。丙同学：我看见老师批改作业、备课，很勤劳……学生说完以后，教师按照学生说的也用手语表达一遍，学生们都笑了，他们似乎重新看到了生活，这生活是活灵活现的，而且出自他们的语言。他们从当时的生活中抽身出来，隔着一段时间，再来审视自己的语言，审视自己的一些观念。此时教师根据学生所说，加以指导，让学生在原有的基础上，把作文写得更充实更具体，把自己的生活化手语表达转变为书面语表达。

（三）观察学生的生活，选取写作材料

在作文教学中，不仅学生要学会观察，教师也应该做个有心人。聋校的学生大都是住宿生，他们生活在教师身边的时间比在父母身边的时间长。这样教师对

他们的了解更多，看到发生在他们身边的事情更为丰富。教师做个有心人，把学生发生的特殊事件都记录下来，为学生积累写作素材。

例如，在指导学生作文"给家长的一封信"时，学生无从下手，不知道在学校发生的哪些事情可以写。这时教师拿出平时的记录本跟学生分享：××六一儿童节时代表班级表演了小品，获得了全校的一致好评；××在校运动会乒乓球比赛中获得了冠军，在比赛过程中他很紧张，是全班同学给予了他鼓励，他才战胜了自己也战胜了对手；××家庭困难，父亲生病住院，班主任向学校提出申请，呼吁全校师生为他家捐款；××在全国书画大赛中获得了第一名的好成绩，在这成绩的背后自己付出了很多努力……当教师将一个一个事例说出来时，学生们都豁然开朗，原来在自己的身边发生了这么多可以写的事情；同时学生也会受教师的影响，做一个有心人，将自己身边的事记录下来，待到写作文时，拿出来翻一翻，或许灵感就来了，可见作文离不开生活。

二、到生活中去，让学生走近生活

（一）从课堂到生活，激发学生作文的兴趣

学生是生活的主人，他们经历的事无穷无尽，丰富多彩，可一到写作文就一片迷茫，无从说起。我们的生活虽然丰富多彩，但能留心生活的学生不多，加上听障学生对生活理解的狭隘性，难免觉得生活中没什么可写的。因此，作为聋校语文教师，指导作文时应帮助学生打开窗户，帮助学生从中回忆生活，从课堂到生活，激发学生作文的兴趣。

例如，在指导作文"在文明礼貌月"时，作文要求把你在校内外经历的或看到的一件好事写下来。学生单看作文要求，知道要写一件好事，但怎样去找这样的素材呢？学生一直紧皱着眉头，看着教师。此时，教师就应该帮助学生将生活引进课堂，以表演的形式，引导学生回忆。想一想，3月学雷锋月里，你帮助过谁？若你没帮助过别人，那你看到谁帮助过谁？学生可以展开讨论，说一说当时事情是怎样发生的。几个例子勾起了学生对生活的回忆，他们不再感到没有内容可写，更有了一种急于表达、写作的欲望。

（二）充分利用生活素材，让学生进行即兴作文

生活中充满着写作素材，教师在作文教学中，也应该充分利用现成的生活素

材，让学生即兴作文。生活正在发生，让学生在体验中完成作文，对听障学生而言是最适宜不过的了。

如一天下午最后一节课，教师正在上语文课，一阵电闪雷鸣后下起了大雨，学生的心都随着大雨的来临飞到外面去了。教师灵机一动，停下课来，让学生都站到窗台旁，要求学生仔细观察雨前—雨中—雨后各是什么情景，之后写一篇作文，把自己的所见、所思、所感写下来。学生热情高涨，写出来的作文真实、生动多了。

其实这样的机会在平时教学中是经常遇到的，有这么好的写作素材放在面前，教师当然乐于取之用之。

生活化的作文教学符合听障学生学习的习惯，聋校教师要让学生明白作文与生活的密切关系，从生活中来，到生活中去，这样写出来的作文才是有生命的。

成功的体验源自不懈的坚持

—— 一个聋儿的写作故事

聋哑人由于生理的缺陷，无法以有声语言作为媒介获取外界信息，这便使得他们的视觉代偿功能得到最大限度的发挥。他们凭借一双"慧眼"感受身边一切美好的事物，发现美、感悟美和创造美，甚至通过这扇"心灵的窗口"也能静静地"聆听"世间的花开花落、莺歌燕啼……

当树上第一片叶子变绿了的时候，原本宁静的校园时而响起阵阵清脆悦耳的鸟鸣。孩子们虽然听不见那嘀里婉转的乐音，但他们很快就发现了校园里飞来的新朋友。他们的脸上荡漾着喜悦的笑容，在他们眼里鸟儿就像一群在天空中自由自在飞翔的"小精灵"，那么可爱，那么潇洒，他们也跑到操场上张开双臂学着鸟儿们飞翔的动作，串串银铃笑声响遍校园。

我班的林显轮同学是第一个发现"鸟妈妈"衔来泥和枯叶在树杈中准备安家的人，他第一时间跑来告诉我，并让我保守秘密，因为他害怕其他同学知道了会跑去逗小鸟。"这样会把小鸟给吓跑的。"他打着手语，一脸严肃地告诉我。我说："你放心吧，老师一定帮你保守秘密，但是我也有一个条件。""什么条件啊？"他满脸疑惑地问。"老师要你把每天所观察到的现象写成日记，你能做到吗？"这下可把他给难住了，一方面他真是不想写日记，提到写作就望而生畏；另一方面，他又着实对小鸟充满了兴趣和好奇心。看他在那抓耳挠腮的样子，我在心中暗暗地想：嘿嘿，这回总算让我抓着你的"小尾巴"了，平时老不愿写作，害怕动笔，这可是为你练笔创造了一个千载难逢的好时机呀！经过一番思想斗争，最终他还是犹豫不决地向我打了个"可以"的手势。

从那天开始，他每天的课余时间都会独自悄悄地跑去探望小鸟搭窝，我见他总是轻手轻脚地走过去，在离小树不到半尺远的地方安静地半蹲着。我示意他那样太近了，"鸟妈妈"会发现的。他轻轻地打着手势告诉我："这样才能看得清楚些，我会轻轻的，一定不让它发现。"然后便自个儿聚精会神地观察起来，他目不转睛地盯着树杈上那只小鸟的每一次跳跃，每一个转身，每一趟筑巢……那双炯炯有神的眼睛写满的不仅仅专注，还有思考。

也是从那天开始，我每天除了正常的教育教学工作之外，又多了一项任务，那就是在上晚自习的时候去看他写的日记，并帮助修改和指导。刚开始他总是不愿主动地把日记交给我，觉得自己写得一点都不好，翻开日记本看他每天写的观察日记，和大部分听障学生在写作中常犯的错误一样，他的日记中也总是会出现语序混乱、词不达意、结构颠倒等错误。为了给他树立好信心，我教育他写作其实一点都不难，只要你坚持把每天的观察按照一定的思路写出来就一定能写好的。他露出狐疑的表情问："老师，可是我就是没有思路呀？我不知道怎样才能把句子写通顺啊？"我说："不急，慢慢来，万事开头难嘛。你的这些写作上的毛病只要勤写、多练就一定能改正，你看上次你写的那个语序颠倒的句子，在这次的日记中就纠正过来了，这不就表示你的写作正在一点一点地进步吗？老师希望日后你会有更新的观察和更好的句子，好吗？"他冲我笑了笑，又点了点头，好像突然才意识到自己写作真的有了一些进步，心里非常高兴。

在我一遍又一遍的鼓励下，一次又一次耐心的修改中，他的写作有了长足的进步。从他日渐丰满的句子和段落中，我可以深切地感受到他观察的细致入微，也总能在他的日记里捕捉到鸟儿的最新动态，从衔泥搭窝到"鸟妈妈"生产，从给"鸟宝宝"喂食到小鸟开始学飞，他在日记中都做了描述。可是有些时候他能把自己观察到的情景用手语表达出来，甚至还在我面前模仿、表演，但让他转化成文字就令他犯难了，我适时点拨，积极引导，不断启发，终于见到了一些令我欣慰的句子和段落。比如，他在日记本中写道："今天又飞来了一只小鸟，我想它一定是鸟爸爸吧，因为它总会守在窝旁边，像个战士。""我趁鸟妈妈去捉虫的时候，走近鸟窝数了一下，总共有5个蛋呢。""小鸟们一个个都张着大嘴，等着妈妈把虫子喂到它们的嘴里，鸟妈妈真辛苦呀！"……

有一天，他突然慌慌张张地跑到我跟前，匆忙地比画着手语对我说："老师，老师，不好啦！'鸟宝宝'在学飞的时候不小心从树上摔了下来，把腿给摔伤了。"他领着我一路小跑地来到教学楼的墙根下，指着那只受伤的鸟儿，告诉我："老师，就是它。"果然，只见一只羽翼未满的小鸟正倚着墙根一瘸一拐地往前走着。他俯下身来，小心翼翼地靠近小鸟，鸟儿见有人走来，连忙扑腾了几下翅膀，可还是飞不起来，它停止了行进，一动不动地站在那儿，耷拉着脑袋，眼神中流露出了一种绝望，但还是不停地发出阵阵稚嫩的叫声，小嘴一张一合的。"它的腿是不是断了呀？"他紧张地打着手语问我。我说："应该没事吧，我也不知道它摔得重不重。"这时，他突然神情凝重起来，双眼有些湿润："老师，这只小鸟真可怜啊，它以后是不是就不能走路了呀？它没有了腿就和我失去了声音一样，我们都是残疾。""听"了这话，我先是一震，接着便语重心长地对他说："孩子，上帝关闭了你的一扇窗，一定会给你开启另一扇窗的。我们可以接受失望，但我们决不能绝望。这只受伤的小鸟很快就能好起来的，过不了多久你就能看到它在天空中自由自在地飞翔了。你也和小鸟一样，有一天，等你掌握好本领，也要回到社会中去为生活而奋斗。"他对我点了点头说："老师，我知道了。从今以后我一定要专心听讲，认真上好每一节课，在学校多学习科学文化知识，以后才能在社会中自强、自立。"

那天上晚自习，他主动地把日记本放在我的讲桌上，看到那些并不华丽，很简短、很朴实，却很实在的句子，我想这正是一个聋儿内心世界真实的写照，除了个别句子不够流畅外，作者想要表达的意思都写出来了，在听障学生习文中实属佳作。看完这篇日记，我知道他成功了，在他无微不至的观察中，在他只字片语的积累中，在他坚持不懈的努力中，写出了这篇优秀的文章。我想给他一个意外的惊喜，瞒着他把这篇稍稍修改的日记寄到了本市的报社。很快便传来了好消息，他的这篇文章发表了。当全校师生在报纸前对他竖起大拇指时，当这篇日记被收入我校的校本教材时，我清晰地看到他脸上露出的笑容，是那样的自豪，那样的骄傲。他真正体会到了成功给他带来的快乐和满足感，从此他满怀自信，再也不畏惧作文，每天他还是坚持写观察日记，与以往不同的是，现在的他会把日记早早地放在讲桌上等着我的批阅。

聋校的学生能够在市级报刊上发表文章，这份荣誉不仅仅只属于学生，同时它也属于我，属于我们的学校。作为指导老师，我认为要想消除听障学生对作文的恐惧，主要是抓住听障学生的心理特点，只要把握好这条主轴，再以各种教学方法作为辅助，一定能够有效地激发学生写作的兴趣和强烈的表达欲望。

附：

日记一则

早晨，打扫包干区的时候，无意间看见一只小鸟从操场旁边的树上掉了下来，我和几个同学立马跑过去看。

这是一只什么样的鸟呢？红色的尾巴，棕色的羽毛，头顶上还立着一束黑色的短毛，真好看！

小鸟拍着翅膀一拐一拐地走着，仔细一瞧，原来它的腿摔伤了。这时，一只大点的鸟飞了过来，在小鸟头上盘旋着，还不时发出"叽叽"的叫声。我猜想，这一定是小鸟的妈妈吧，它妈妈正在教它飞呢！

小鸟试飞了好几次，可每次都只是飞了一下子就掉了下来。它很着急，两只圆溜溜的眼睛来回转着，不时抬头看看鸟妈妈"叽叽"地叫着，好像在说："妈妈，妈妈，快教教我！"听到小鸟的叫唤，鸟妈妈赶紧飞到它头上，也"叽叽"地叫着，好像在回答："宝宝，慢慢来，不急！"

小鸟扑扇着翅膀又试了几次，虽然还是飞不高，但每次都会进步一点点。突然，小鸟奋力地一展翅，飞了起来，我真为它高兴，以为它学会飞了，可没想到一阵风又把它吹了下来。

放学后我再去看时，小鸟已经回到了它温暖的窝里。听同学说是校长把它送回"家"的。望着小鸟的"家"，我想，那只鸟儿总有一天能够展翅，学会飞翔。我不也和小鸟一样吗？虽然生活在一个无声的世界里，但我同样可以和正常的小伙伴们在学校学习知识和本领，终有一天我也能展翅翱翔于蓝天！

（小作者：阳江市特殊教育学校　林显轮）

如何在聋校语文教学中渗透"医教结合"理念

如今，"医教结合"理念在聋校教育教学工作中已形成一定的影响，但由于师资的专业问题，一些教师对"医教结合"的理念理解不深或根本不接受。笔者通过一组教学实验，明确了"医教结合"理念渗透聋校语文教学中的必要性。本文结合自身教学实际，谈一谈如何在聋校语文教学中渗透"医教结合"理念。

一、"医教结合"理念在聋校语文教学中的运用现状

长期以来，我国的听障学生康复教育存在着"重教轻医"的观念。许多聋校教师认为，医学康复是医生的事，教育康复才是聋校教师的事，他们不赞成"医教结合"，而是主张"医教分离"。目前，很多听障学生在入学前已植入人工耳蜗或者佩戴助听器，并在康复机构进行过语言康复，具有一定的言语基础。入学后，一些聋校教师对"医教结合"的理念理解不深或根本不接受，导致一大部分听障学生在语言康复方面暂停甚至退化。聋校语文课程的开设，是为了更好地促进听障学生语言的发展，针对不同学段听障学生发展的特殊需要，实事求是地提出切实可行的目标和要求，使每一个听障学生都能发展基本的语文素养，获得全面、生动、主动的发展，引导他们丰富语言的积累，培养语感，逐步形成沟通交流的能力，为他们融入和适应主流社会以及终身学习与发展奠定坚实的基础。因此，在聋校语文中渗透"医教结合"势在必行。

二、在聋校语文教学中渗透"医教结合"理念的必要性

在"医教结合"理念的影响下，各地聋校普遍开始注重在各学科中渗透康复教育，而语文课堂作为听障学生语言习得的主阵地，更应是康复教育的主战场。

面对利用传统教育方法难以补偿或改善而对听障学生终身发展又是至关重要的缺陷或不足，聋校的不能"依葫芦画瓢"照搬普通学校的教学模式，而是必须在聋校语文课堂中渗透"医教结合"的理念。

早在2006年，华东师范大学言语听觉科学国家重点实验室主任黄昭鸣教授在HSL理论中就提到了"医教结合"在听障学生康复教育中的必要性。笔者在从事聋校低年级语文教学工作时，曾做过分类康复教学实验，将同一时期入学平均年龄7岁的12个听障学生，按照随机分组的方法，分为2个平行组——A组和B组，实验跨度为一学期。经过前期的调查摸底，这12个学生大部分来自偏远的农村山区，入学前均未接受过专业的康复训练，其中有6个听力程度较好的学生刚佩戴助听器，正处于听力补偿敏感期。按照聋校九年义务实验教材的课程安排，笔者以教学汉语拼音为实验内容。对A组学生进行有针对性的语言康复训练，B组学生则按照教材安排以传统模式授课。经过实验发现，A组学生虽然只有2人佩戴助听器，但他们的语言发展明显好于B组学生。实践出真知，通过实验，我们可以更加明确"医教结合"模式在聋校语文教学中渗透的必要性和有效性。

三、"医教结合"理念在聋校语文教学中的实践

在聋校语文教学过程中怎样渗透"医教结合"的康复理念呢？康复教育有两种组织形式：一是集体康复教育形式，二是个别化康复教育形式。聋校的语文课堂教学多以集体形式进行，在实际教学过程中，要本着"听障学生首先是有听觉、言语、语言缺陷的患者"的态度，以"医教结合"的思想为指导，坚持缺陷补偿的康复教育为原则。

（一）教学目标重点突出康复目标

教师在制定教学目标时，应根据学生的实际情况，制订切实符合学生听觉、言语发展的方案，重点突出康复目标。目标的设定必须遵循"由易到难、循序渐进、螺旋式上升"的过程，如听觉训练方面应以"听到—听清—听辨—听懂"为原则，言语训练方面要按照"呼吸—发声—共鸣—构音"的顺序进行，在语言及认知训练方面，则应从"感知—理解—表达—交流"入手。

例如，我们在进行聋校语文教材里"过年"主题教学时，除了制定出认知、过程与情感价值的三维目标外，还应注重康复目标的制定。康复目标可制定如

下：一是习得/p/的发音技巧，形成对/b/、/p/最小音位对的听说能力。二是拼读音节：bianpao，听觉识别pa—ba、pao—bao、pian—bian。三是清晰地说出目标词语"鞭炮"。通过突出康复目标，促进学生言语发展，有效实施语言康复。

（二）选好教具，为课堂康复做准备

教具是教学内容的实物依托，在教学过程中起着激发学生学习兴趣、加深学习印象和帮助理解教学内容的作用。传统教具主要包括实物、模型、图片、字卡等，这在听障学生语言康复教育中起着积极、有效的作用，符合听障学生的直观性特点。随着科技的发展，现代多媒体技术集声、像、图、文于一身，突破传统教具在时空范围内的局限，将教学内容以视、听两种通道同时作用于听障学生，可以极大地提高听障学生学说话的积极性和主动性，达到延长注意时间、提高康复效果的目的。

例如，在学习《要下雨了》这篇课文时，通过制作精美的课件及视频吸引学生的注意力，每一段对话，都可以利用Flash软件呈现，让学生进行人机对话，提高语言发展水平。为更好地营造教学氛围，让学生身临其境，教师可通过图片、字卡、头饰等教具，把小白兔、小蚂蚁、小蜻蜓、小燕子等动物形象按头饰呈现，再配以字卡，充分调动学生语言学习的积极性，提高学生的表达欲望。

（三）重视康复教学前的预备活动

对于听障学生来说，因长期处于不发音状态，舌头和嘴巴等构音器官的灵活性远不及健听人士，为了更好地完成教学目标里的康复目标，课前教师应重视带领听障学生做一些康复预备活动，如常见的舌操、下巴颌骨操、耳朵操等，还有聋校课堂常做的一些听觉训练游戏，如点名、拍手说儿歌、讲故事等形式。教师所选择的准备活动应为本节课所服务，是针对康复教学目标而设定的。

例如，在学习聋校教材第二册第14课"认识动物"时，课前我们可以通过"猜动物"的游戏导入。请学生仔细听一听不同动物的叫声，引导他们分辨动物，并说出动物的名称。这个游戏既能发展听障学生的听觉能力，听音、辨音的能力，又能充分调动学生的已有社会知识，在活跃课堂气氛的同时，激发学生参与课堂的积极性。

（四）康复教学，课前复习不可少

聋校语文教学中，我们常会发现，许多听障学生之所以词汇贫乏，句式单一，语言发展迟缓，不是学得不认真，而是忘得快。因此，讲授新课前的复习必不可少，一方面是对旧知的巩固；另一方面是为新知的学习打下基础。通过"温故而知新"，提高听障学生听说词语、句子的熟练程度，让他们学有所用，学以致用。正如以上"认识动物"的举例，学习了"鸭、鹅、兔子"后，第二课时及时对上节课所学内容进行复习，让学生上台"演一演"，模仿各种动物的叫声或特征。通过一些简单有趣的游戏，让学生一边巩固知识，一边训练语言。

（五）注重康复训练技能、技巧

做了康复预备后，进入一节课的主体部分——新授。听障学生语文学习中，需在已有知识巩固、消化的基础上接受新知识，进而扩大词汇量，丰富句型，提高口语能力。聋校语文课堂教学中，应注重各种康复训练的技能、技巧。如听觉训练：听音、辨音、识音、听觉记忆训练；言语训练：呼吸、口部运动中的发音器官训练、构音系统中的音位习得训练；语言及认知训练：词语、词组、句子由说到写的训练等。

如在学习《小猫钓鱼》这篇课文时，为了达到康复目标，教师应把康复训练有机地渗透到整个教学过程中。首先，让学生通过观看图片，强化词汇"猫"的发音，引出两个音位对比的词组"猫妈妈""猫宝宝"。通过模仿猫妈妈和猫宝宝不同响度的叫声，联系音量响度的控制，让学生初步感知重读的慢板和行板节奏与强度。如猫宝宝：/miao—MIAO—miao/；猫妈妈：/miao—MIAO—MIAO—MIAO/。这个过程主要是针对听障学生的响度梯度训练和重读训练。其次，教师再次播放相关动画，引导学生进一步观察，并适时提问："小猫在做什么？"最后，教师配以不同背景音乐，让学生模仿小猫的动作，教授句型：猫宝宝追蝴蝶；猫宝宝追蜻蜓；猫宝宝钓鱼。把知识目标和康复目标有机结合起来，让学生在课堂上进行音位巩固、言语语言综合训练。

（六）及时巩固练习，强化康复效果

根据听障学生的学习规律和记忆特点，每一节语文课的设计，都应保证巩固练习的时间。这不仅是对新授内容的复习，更重要的是通过灵活的替换练习进行语言运用能力的训练，使学生能够把学过的词语变成句子或段落，并能准确地加以运用，充分体现"医教结合"理念下倡导的"注重沟通交流，突出实际运用"的目标。教师可通过游戏和看演示说话等形式开展师生互动与生生互动，使

学生加强对本节课语言的理解和运用。又以"认识动物"为例，在学完第一课时"鸭、鹅、兔子"后，教师可自编儿歌，如"小鸭子，一身黄，扁扁的嘴巴红脚掌。嘎嘎嘎嘎高声唱，一摇一摆下池塘。"这种方式既简单易懂，朗朗上口，又是对所学知识的巩固复习。

（七）课后延伸，家校共育

聋校语文课堂教学要紧密联系生活，坚持"从生活中来，到生活中去"的原则。听障学生的语言发展不能仅依靠课堂，更离不开家庭教育，只有在生活中不断地激发听障学生的语言能力，才能让他们内化言语习得，实现康复目标。教师可建立"每日教学记录册（在校情况）/（在家情况）"，或通过座谈会、家访等形式，让家长准确了解应该如何开展家庭教育，怎样对听障学生进行有效的语言康复训练。根据每个学生的实际，制订个别化家庭康复教育计划，让家长充分参与，让每一位学生的语言能力都能得到更好的发展，形成家校合力共育。

"医教结合"是听障学生康复教育的主导理念，是听障学生康复的立身之本。聋校语文课堂是听障学生学习语言、发展语言的主阵地。教师是听障学生康复教育实践的直接承担者和实施者。我们应不断更新理念，紧跟时代步伐，提高自身素质，在实践中思考，在研究中成长，更好地为听障学生服务。

让美在聋校语文阅读教学中绽放

教育家蔡元培提出："美育者，应用美学之理论于教育，以陶养感情为目的者也。……美育者，与智育相辅而行，以图德育之完成者也。"《聋校义务教育课文课程标准（2016年版）》中提出"语文课程中应重视学生的品德修养和审美情趣，使他们逐步形成良好的个性和健全的人格，促进德、智、体、美的和谐发展"。受"融合教育""回归主流"等思潮的影响，以及听障学生升学的需求，对聋校的教育要求应与普校看齐，故《聋校义务教育课文课程标准（2016年版）》的提出，同样是为聋校的教学做出了新的规范和要求。听障学生由于自身的特殊性，在感知阅读文章的美时，存在着片面性。教师需适时点拨，让听障学生也能在阅读教学中感受美、发现美和创造美。

一、细读词句，品味语言美

听障学生由于自身的听力障碍，感知世界、获取美的事物的渠道就狭窄了许多，因而阅读成为听障学生获知信息的一个重要途径。老师在进行阅读教学时，要做好引导工作，让他们在阅读过程中感受美。优美的文章中，总是有那么几个重点词句以及细节描写，故老师要引导学生通过抓住细节和重点词句，来感受课文中所传达出来的美。如《我爱故乡的杨梅》这篇课文，第二自然段是告诉我们杨梅生长的季节和环境，细细读来，顿觉一幅江南春雨图展现在眼前。"细雨如丝"是江南春雨的特点，"贪婪""吮吸""甘露"用了一个拟人句描写出春雨对杨梅的滋润；"伸展""欢笑"同样是用拟人手法暗示了杨梅在旺盛地生长。在教学过程中，我先展示一幅"杨梅细雨图"，让学生用自己的语言表达出图中的内容。由于听障学生掌握词语有限，表达得没有课文中的语言那么美，这时老师适当点拨，提醒学生把自己的语言与文中的语言进行对照，老师用比较恰当的表情和夸张的动作表达出"贪婪""吮吸甘露"的感觉，使学生有形象的感知，体会作者在字里行间流露出的对杨梅的喜爱。这样，抓住细节描写，慢慢体会，美自然而然地就流露出来了，也让学生感受到文章中的美在阅读的每一个细节中闪动。

二、重视朗读，感受节奏美

听障学生由于自身缺陷，无法通过朗读来感受文章的节奏美感，但他们可以通过自己独特的方式——手语来弥补。手语是听障学生阅读不可或缺的一种形式，他们可以通过手语的快慢、力度来感受文章的节奏美感，把文章中的轻重缓急、表情等体现出来。

如《雨》的第二自然段，"雨越下越大"。学生在阅读时，老师给予提醒，要把雨变大的过程通过手语表现出来，所以手语的力度有逐渐加重的过程。"窗外迷迷蒙蒙的一片……笼罩在对面的屋顶上。"这句的"朗读"继续延续上句的风格，想像"大雨滂沱"的情景。"雨水顺着屋檐流下来……渐渐地连成了线。"阅读这句话时，有急有缓，节奏分明，手语表现时，也同样是体现出语言的节奏美感。虽然不能朗读，听障学生同样可以像健全人那样感受文章在朗读时的节奏美感，这样更利于听障学生对雨中场景的理解。

听障学生虽然存在缺陷，朗读较困难，但他们用自己的双手感受到了阅读中节奏的跳动。所以，在教学中老师要善于引导学生，让听障学生也能体会"朗读"的快乐。

三、分析人物，体验心灵美

学生通过阅读，可以分辨出文中人物的真、善、美，在心中树立榜样，不仅体会了文中人物的心灵美，更是不知不觉地形成一种心灵美，受到了美育教育。在阅读这类文章时，我们具体从描写表现人物特征的关键词出发，体会心灵美。如《哥哥傻吗》，阅读这篇文章时，我带领学生从课题出发，问学生哥哥傻吗？带着这个问题，让学生读课文。学生读第一自然段时，可能还不能体会哥哥的心灵美，当读到第四自然段时，在前面已经有两件事发生的基础上，老师再给予适当的提示，找出关键词，让学生逐渐体会。通过课文中"我"的行为："悄悄地"，"赶紧"与哥哥的行为："真对不起""好苗""补种"的鲜明对比，充分体现出哥哥诚实的美德。这篇课文虽很简单，却包含了哥哥的三种美德，师生共同感受这个人物，都深深地被感动了，充分肯定了哥哥根本就不傻，并能感受到哥哥善良淳朴、助人为乐的心灵美，从中明白了一些做人的道理。

四、展开想象，体会生活美

听障学生的学习主要是从身边选取素材，教会他们怎样生活，更好地融入主流社会中去。发现生活中的美，可以通过实践去感受，同样在阅读中也能够体会。在教学中应当指导学生联系实际，把生活中的例子和课本中的知识联系到一起，去感受生活美。如《立交桥美极了》是一篇讲读课文，是讲北京的一位小朋友带领两个少数民族的好朋友参观北京的立交桥，整篇课文都是通过对话的形式将北京雄伟的立交桥展现在学生的面前。教学时，我出示图片，让学生回忆自己见过的立交桥，并描述他们在电视中或书中看过的立交桥的样子。通过联系实际，学生脑海中就浮现出他们所见过的一些普通的桥，由此强烈地感受到祖国首都北京立交桥的雄伟，更为我们生活在这样的祖国而感到自豪，产生对美好生活的向往。

五、发散思维，鼓励创造美

美在阅读教学中得以绽放，我们最终还要让美延续下去。听障学生可以通过舞姿来表达和健全人一样的美，他们同样可以通过优美的文章来表达美。

美的延续是在感受美、发现美的基础上进行的，平常我会让学生多留意身边发生了哪些事，哪些同学有乐于助人的表现，哪些同学的学习进步了，哪些同学在学校举行的活动中获奖了……这些生活中的"美"，让学生记录下来。再拿这些记录与平时所学的课文进行对比，慢慢地会发现课文中所写的也都是身边发生的，通过阅读，鼓励学生更多地发现美。阅读是写作的基础，"读书百遍，其义自见"。有了美的阅读作为基础，学生就更容易写出美来，把同学的乐于助人写出来，把校园的优美环境写出来，把老师的和蔼可亲写出来……这样，美就能延续，让学生真正地受到了美的教育，自己去创造美。

阅读教学能使学生受到思想教育和美德熏陶，所以在阅读教学中应从听障学生的特点出发，找出适合他们的阅读方法，让他们更轻松地去认识文章美、节奏美、心灵美、生活美，并能够创造美，使听障学生的审美能力得到真正的提高。

立足校本课程，上好聋校沟通与交往课

听障学生受生理缺陷、心理障碍以及语言能力发展水平的滞后等种种特殊原因影响，在与健全人沟通与交往过程中一直都存在着不同程度的障碍，往往处于被动状态，无主动意识，情绪极不稳定，社会适应能力差。沟通与交往课程的提出，为听障学生发展沟通表达能力提供了一个很好的阵地，听障学生通过进行有效的沟通与交往，可以获得大量的语言信息，从而弥补因听力障碍而导致的语言发展滞后和不足。目前沟通与交往课程没有统一教材，各校可根据听障学生的个体差异和不同的发展阶段，立足校本课程，选择适合的教学内容和训练方式，帮助听障学生掌握多元的沟通交往技能与方式，促进听障学生语言和交往能力的发展。

张宁生教授在谈及聋健沟通上存在的问题时认为，聋人朋友应从学会沟通技巧、提高语言能力、培植健康的开放心态、扫除心理障碍等几个方面努力。

为了改变这一现状，2007年教育部印发的《聋校义务教育课程设置实验方案》明确指出："沟通与交往课程的内容主要包括：感觉训练、口语训练、手语训练、书面语训练及其他沟通方式和沟通技巧的学习与训练，旨在帮助听障学生掌握多元的沟通交往技能与方式，促进听障学生语言和交往能力的发展。沟通与交往课程是国家规定的必修课各校可根据听障学生的个体差异和不同的发展阶段，选择适合的教学内容和训练方式。"

那么，怎样才能上好一节沟通课呢？笔者现根据自身的教学实际，谈谈以下几点做法。

一、做好课前准备，激发学生兴趣

兴趣是一切学习的动力，是推动学生自主学习活动的主观因素。学生对一件事情有没有兴趣往往取决于第一印象。一节课的开头很重要，它直接关系这节课的课堂气氛和教学效果，因此，教师以开课、破题为契机，将学生的注意力全部集中起来。一般情况下在低年级的沟通与交往课上，教师多采用语训的基本功训练作为开场。但在高年级，教师则应采取更适合学生年龄发展、知识储备和认知规律的课前准备活动，并把活动贯穿于沟通与交往的理念中。笔者在课前，根据主题布置任务，让学生通过各种途径查询与主题相关的信息。新授前，安排5分钟自由展示环节，让学生主动分享自己的收获。如在学习"运动会"这一主题时，有的学生分享了校运动会中精彩的瞬间或获奖的照片，有的学生分享了网上查找的关于奥运会、残运会的介绍，有的学生分享了参加运动会的心情……每个学生都有机会展示自我，这个过程中，学生可以通过口语、手语、书面语以及其他沟通方式展现，虽然简短，但体现了多种沟通方式，同时也活跃了课堂气氛，为这节课开了一个好头。

二、重视主题式教学

沟通与交往课程没有统一的教材，各地学校都是自编教材，教师可选择切合学生实际的教材进行讲授。在选择教材时，应注重主题式教学。主题式教学是指提供一个良好的学习情境，学生在这样具有高度动机的环境中，可以接触和主题相关的各种领域的学习内容。教师选择教材时，有时可以以联络教学的方式，横向编选和该主题相关的教学材料；有时更可直接打破学科之间的限制，在教学中整合不同领域的内容和策略。笔者认为在选择主题时，应遵循以下几个原则。

（一）层次性

选择的主题应由浅到深，同一主题在不同阶段，在教学目标方面要体现层次的递进。

（二）时效性

学期初，制订本学期的教学计划时，教师应留出一定的课时量来随机调配。在教学过程中，若出现临时的活动或事件时，教师可有所针对，拟定主题，展开讨论。

（三）可操作性

聋校教学的最终目的是让学生掌握知识与技能，更好地回归社会，回归生活。因此，教师应根据学生实际来选择具有可操作性的主题，让学生通过各类主题的学习，掌握与人沟通的方法和技巧，在今后的生活中，遇到类似的问题就可以顺利实现沟通目的。

每学期期末，学校把教师选择的教学主题内容，收集汇总，可作为学校沟通与交往校本课程教材的参考资料。

三、多种沟通方式融入课堂

华东师范大学特聘教授简栋梁在"听障教学的沟通媒介"的讲座中提到了手语、口语、双语，以口语为主导的全沟通模式。也就是说，听障学生应学会使用多种沟通方式来与人沟通。课前，教师选定主题后，要考虑在这个主题中，会用到哪些沟通方式。教师在设计这节课时，尽量让学生体验多种沟通方式在与人沟通时的运用，让学生明白沟通不能只局限在聋人与聋人之间的手语沟通。如在选择"网购"这一主题时，教师根据网购的过程，厘清在这一主题下，需要涉及的是哪些沟通方式。网购前，通过聊天软件与卖家的沟通；收货时，与快递员的沟通；收货后，发现产品有问题，再次与卖家的沟通；使用商品后，与同学们分享时的沟通。这些过程中，涵盖了多种沟通方式，教师根据不同的情境，对学生进行不同沟通方式的指导与训练，让学生在活动过程中，对不同沟通方式有了体验。

四、联系实际，创设情境

聋校的语文教学注重情境创设，笔者认为在沟通与交往课程中，情境的创设同样尤为重要。情境化教学以直观的方式再现书本知识所表征的实际事物或者实际事物的相关背景，显然，教学情境解决了学生认识过程中的形象与抽象、实际与理论、感性与理性以及旧知与新知的关系和矛盾。在主题式教学盛行的沟通课上，由一个主题所展开的活动有若干个，这若干个活动又是由各种情境所组成的。教师应根据主题，大胆发挥想象，把有可能涉及的情境都搬到课堂中来，学生身临其境，自然有话可谈，学生参与课堂的积极性就会被调动。如在学习"春节"这一主题时，这一主题下的活动较多，教师可利用多个课时来讲解。课堂上，通过表演、视频播放等形式，创设春节时会遇到的情境：长辈发红包，与父母去拜年，与同学互诉问候……让学生在情境中，根据实际情况，利用不同的方式进行沟通，学生会显得更为轻松，课堂气氛也会更加融洽，教学效果就显而易见了。

五、凸显沟通的双向互动

"沟通"是人与人之间的一项活动，是一个双向互动的行为。教师在课堂上不能只是让学生单向地去说、去写，那样就形成不了沟通。沟通的行为至少要产生于两人之间。教师在课堂上，要重视沟通的双向互动。由一个主题所产生的活动，要多让学生进行对话练习，或多人围绕一个话题，各自发表观点。如在选择"逛超市"这一主题时，教师如一味地问，学生回答，那样学生只是单向性地说。教师可让学生分组，组员之间就这一话题进行沟通，或者分角色表演，"售货员"与"购物者"之间的沟通，以此类推，学生可开展多组的交流与沟通，而不是一直被动地回答问题，他们要成为沟通课上真正的主人。

六、课堂形式多样化

沟通与交往课程注重主题式教学，讲究情境化的创设。课堂教学形式不再拘泥于传统的一问一答式。教师根据所选主题的需要，结合教学实际，丰富课堂形式。如前面提到的"网购"这一主题：网购前，与卖家的沟通，在讲授新课时，教师教会学生一定的沟通方法与技巧。当学生自己练习时，在学校多媒体设备条件允许的情况下，可以实战演习，让学生直接通过聊天软件和卖家进行沟通。在这个过程中，学生不仅掌握了如何使用网络沟通方式与人进行沟通，还让学生在高科技的课堂模式下体验了沟通的快乐。再如，前面提到的"逛超市"这一主题，教师可以在教室中模拟超市情境；如果有条件，教师还可以带学生外出，真正地体验一次逛超市，让他们在实际生活中感受与人沟通。过程中，教师可以把学生与人沟通的情境拍摄下来，课堂上再和学生分享与交流。同时也可以让学生提供类似的视频，这样课堂将会延伸到学生的日常生活中，让沟通与交往真正地落到实处。

七、有别于语文课，渗透于语文课

目前，沟通与交往课程仍处于"无教材""无教学大纲""无教学参考书"的"三无"状态，学校对于沟通与交往课程的处理都有自己的做法。有的学校把沟通与交往课程与语文课混为一谈，很多时候沟通与交往课程都被上成了语文课。笔者认为，既然提出了沟通与交往课程，那么它肯定是有别于语文课的。沟通与交往课程更注重对语言的运用，它是一个双向性的活动，让学生在这一活动中训练人际交往能力，为他们今后融入主流社会打下良好的基础。但在实际教学中，笔者发现，沟通与交往课程有时又渗透于语文课中，教师要巧妙地利用语文课中的活动契机，如涉及人物对话，可让学生分角色读一读，或模仿对话，自己另选话题来说一说。再如，语文教学中，我们要求学生写日记，日记就是搭建教师与学生之间的沟通桥，它既锻炼了学生的书面语表达能力，同时也让教师了解学生的生活，通过评语或面谈等形式与学生进行沟通。让学生与教师的沟通更为融洽，也让学生的沟通能力得到提高。总之，沟通与交往课程有别于语文课，同时又渗透于语文课中。此外，教师还要关注在各个学科教学中渗透沟通与交往技能的教学，通过对聋校整个教学环节中的沟通与交往情况进行剖析，反思教学行为，真正提高聋校课堂的有效性，提高听障学生沟通与交往的能力。

要解决听觉障碍者的问题，最根本的方法就是解决语言沟通问题。语言沟通的问题解决了，其他的教育问题、学力问题、情绪问题、社会适应问题、就业问题等自然迎刃而解。当下，沟通与交往课程正处于一个探索阶段，各校教师应根据实际情况，立足各校的校本课程开发，多研究、多探讨，让沟通与交往课程真正地为学生服务，为他们今后实现顺畅的人际交往打下坚实的基础，最终更好地回归并融入主流社会。

安全网购，有效沟通

—— "沟通与交往：网购"教学设计

一、教学设计理念

本节课根据班级学生的具体情况，分别从书面语训练、手语训练及口语训练等方面进行沟通与交往的学习与训练。

（1）选择此年龄段学生中普遍流行的"网购"，让学生对本课充满了兴趣；

（2）情境设置，让学生在活动中练习表达能力，学习沟通技巧；

（3）联系实际，体现沟通与交往课程的意义。

二、教材分析

本课所选内容均来自学生生活实际，以"网购"作为教学载体，按照一般网购的顺序，教导学生"如何选择并运用有效的沟通与交往方式进行网络购物"，即网购前与客服的沟通—货到时与快递员的沟通—收到货后，与售后客服的沟通—使用物品后，与同学分享"战利品"时的沟通，依照这几个环节进行情境设计，让学生在活动中提高沟通与交往的能力。

三、学情分析

八年级学生正处于乐于接受新事物的阶段，特别是介入现代生活的"网购"让学生倍感好奇，充满了求知欲，渴望像正常人一样顺利进行网络购物。经调查了解，学生更愿意接受网购，对在实体店购物反而缺乏信心。但大部分学生在网络上与人沟通与交往的基础还很薄弱。能够基本实现口语表达的学生只有2名，其中一名女生是刚从普校转入的，残余听力比较好，掌握的手语量还不多；其他学生手语表达较为流畅，多打中国手语，书面语表达能力有限，但可以进行简单的笔谈，沟通方面的技巧和能力有待进一步提高。

四、教学目标

（一）知识与技能目标
（1）学会根据不同的情境用不同的方式来与人沟通。
（2）更加熟练手语和书面语之间的灵活转换与运用。

（二）过程与方法目标
（1）了解网购的基本程序。
（2）有针对性地学习与人沟通的方法。

（三）情感、态度与价值观目标
培养学生热爱生活的思想感情，让学生明白选择网购时，切记提高安全意识，共同维护安全的网购环境。同时，作为中学生，应该尽量减少消费，有一定正确的理财观念，不要盲目地跟着"潮流"走。

五、教学重难点

教学重点：在不同情境中应该怎样与人沟通。
教学难点：手语和书面语的灵活转换与运用。

六、教学准备

教师：调查了解、收集图片、制作课件。
学生：沟通板、沟通本。

七、教学过程

（一）联系生活，谈话导入
（1）师：昨天傍晚，有一位同学前来求助，说他在网上买的手机总是自动关机，他想换货，可又不知道怎么与客服沟通。老师想问一下你们平时会网购吗？

你们上网都会买些什么呢？会遇到哪些沟通问题呢？

（2）师：我们小结一下在网购过程中大概会遇到以下几点沟通问题：

A.网购前与客服的沟通；

B.货到时与快递员的沟通；

C.收到货后，与售后的沟通；

D.使用物品后，与同学分享"战利品"时的沟通。

（3）今天，我们就结合这四点来谈谈网购。

（4）板书课题，导入新课。

设计意图：从生活中选取沟通与交往课程的素材，更容易激发学生的学习兴趣，让学生更愿意去沟通，而且也能帮助学生解决一些实际问题。借助学生已有的社会经验开展教学，不仅让学生有话可说、有话要说，而且也为学生普及了一些知识。

（二）创设情境，学会沟通

情境一：网购前与客服的沟通（课件出示图片）

（1）师：你想买一本八年级下册的英语练习册，可现在书店绝大部分卖的都是上册，你就想到网上买，那么你应该怎样与客服沟通呢？

①学生讨论，并用小白板代替电脑来作答。

②学生自设情境两两一组练习，教师巡视点评。

（2）师指导点评。（注意礼貌用语，要讲明自己的需要。）

（3）简单介绍网络用语，理解它的意思就行，还是提倡学生用规范的语言与人沟通。

（4）出示沟通小案例。

设计意图：这里涉及的沟通方式是一种新型沟通方式——网络沟通，但落实到学生身上体现的是他们书面语表达的能力，通过学生的写，来锻炼他们的书面语表达能力，同时也让学生意识到书面语表达对于聋人的重要性。

情境二：收货时

（1）师：我们挑好商品，就开始了期待，不知道买到的商品是不是和图片上的一样呢？当传达室通知你有快递时，你兴奋地来到传达室，面对送货的快递员，你要怎么和他沟通呢？

（2）师扮演快递员，分别找两个学生来做示范。

A同学不管快递员说什么，签了名就走。

B同学拿出随身携带的沟通本，与快递员交流，并检查商品是否损坏，最后有礼貌地谢谢快递员。

（3）讨论这两位同学的做法谁的更好，为什么？同学们还可以再作补充。

（4）以同学讨论得出的标准再演一演。（请有口语表达能力的同学来试一试。）

设计意图：这组活动中涉及的沟通方式有书面语表达和口语表达，让学生体会不同的沟通方式。

情境三：收到货后，与售后客服的沟通

（1）师：我们收到商品后就想和同学们分享，可是这次收到练习册后，你发现最后几页像是被水弄湿过，几个英语单词看不清楚了，该怎样与客服沟通呢？

（2）师小结：这个环节的沟通方式与售前是一样的，但我们要注意沟通技巧，讲明白自己不满意的原因，弄清楚应该怎样解决。

（3）练习：帮一帮。

师：老师想让你们来帮一帮前面说的那个同学，在网上买的手机总是自动关机，应该怎么办？

（4）师生共同小结。

设计意图：本环节涉及的沟通方式是书面语表达和手语表达，同时结合开课前的案例，让学生学以致用，并懂得同学之间应互帮互助、团结友爱。

情境四：使用物品后，与同学分享"战利品"时的沟通

（1）师：有同学听说你在网上买了好东西，你会怎样向同学介绍呢？

（2）教师指导。

（3）分享小案例。

多组学生根据自己的网购经历表演。

设计意图：这个环节涉及的沟通方式主要是手语表达，手语表达是听障学生之间惯用的沟通方式，教师要给予指导与纠正，注意规范性。

（三）总结交流

（1）师：这节课我们主要是从哪几个方面来谈论网购中的沟通问题？

（2）温馨提示：中学生应尽量减少网上消费，形成正确的理财观念，不要盲目地跟着"潮流"走。

（四）布置作业

把自己的一次网购经历写成一篇作文，重点突出过程中你是怎样与人沟通的。

设计意图： 课堂延伸，把课堂学习内容落到实处。

八、板书设计

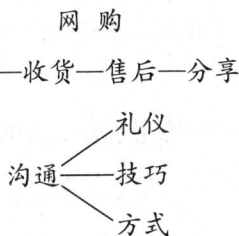

九、教学反思

本节课选取的教学内容比较贴近学生生活，同时也是学生感兴趣的，适合八年级的学生学习。本节课我多采用本班学生易于接受的教学方法，让学生多写多练，充实学生沟通与交往的课堂。根据本节课的教学环节，我从以下几个方面进行了反思。

（一）售前与客服的沟通环节

这个环节中，我主要是想模拟网购中的网聊方式，在课堂上就用沟通板来进行呈现。通过这样的练习，学生明白了书面语表达的重要性，激发他们学习语言表达的积极性。教学过程中，把课堂充分交给了学生，让学生成为课堂的主人。这个环节需要改进的是，用沟通板提问有一点乱，老师在备课时，没有备全学生有可能会提到的问题；还有学生沟通的成果展示得太少。

（二）收货时和快递员的沟通环节

这个环节的设置，是想让学生明白怎样和正常人进行沟通。教学过程中，让学生演一演、比一比、讲一讲，自己体会在这个环节应该怎样与人沟通，本环节设计教学形式多样化。这个环节需要改进的是，可以再请一组同学来演一演，注意沟通本使用的规范性。

（三）售后与客服的沟通环节

这个环节中，让学生知道收货不满意时，应该怎样与知道沟通，课堂上学生都能按要求来完成与知道的沟通，但在实际操作中还有可能遇到其他问题，本节课都避开了。所以这个环节要想让学生真正地得到帮助，还要多考虑网购中的真实情况。

（四）与同学分享时的环节

本想把这个环节作为重点来讲，让学生学会怎样介绍一件自己喜欢的物品，但在实际操作中，教师没有给予过多的讲解，只是通过一个小案例来让学生体会。

总的来说，本节课我的教学思路还是挺清晰的，课堂任务基本完成。但在很多细节方面还有很多待改进的，在今后的教学过程中，我将努力弥补不足，争取为学生讲授更好的课来。

聋校语文课堂如何实施有效的评价方式

聋校语文课堂，是听障学生获取信息、了解世界的主阵地，课堂中教师如何实施有效的评价方式，是检验学生教学效果的重要途径。聋校语文教学中，教师应积极反思，深化课堂教学改革，提出有效的课堂评价方式。

一、聋校语文课堂实施有效评价方式的重要性

语文课程评价的目的不仅是考查学生达到学习目标的程度，更是检验和改进学生的语文学习和教师的教学，改善课程设计，完善教学过程，从而有效地促进学生的发展。为了达到全面实施素质教育的目标，《基础教育课程改革纲要（试行）》明确将评价改革作为课程改革的目标之一，并提出了评价改革的方向：改变课程评价过分强调甄别与选拔的功能，发挥评价促进学生发展、教师提高和改进教学实践的功能。所以，聋校语文教学中，教师应积极反思，深化课堂教学改革，提出有效的课堂评价方式。

二、当前聋校语文课堂教学评价中的不足

传统的课堂教学评价都是由教师一人完成的，存在主观性和局限性，很难体现学生的主体地位，使我们的语文课堂教学难以满足学生的自主需求。

（一）评价主体单一

现行许多聋校语文课堂上，仍是以教师为主体，听障学生由于自身的缺陷，获取知识渠道狭窄，课堂上不愿意表达自己，教师就以包办的形式完成课堂教学工作，在教学评价这一环节，教师更是"义不容辞"地代办了，学生是被动接受评价的客体，而不是参与评价的主体。这种单方面的、直线式的、孤立的评价，

使教学评价少了全面性而多了片面性，少了民主性而多了独断性。长此以往，学生永远都处于被动状态，教师的教学水平也难以提高。

（二）评价过于笼统

赏识教育在聋校教学工作中一直很受用，可是教师过于笼统地一律用赞扬的话来进行评价。回答问题时学生答得并不怎么样，一些教师偏要夸上一句"说得真好！"而如此一味说"好"，并不能起到激励的作用。因为这样的表扬太"廉价"，学生不需什么努力便能获得，以致学生对此会毫不在乎。

三、聋校语文课堂有效的评价方式

（一）注重评价主体的多元性

以往的教学评价都是由教师一人完成的，我们要打破常规，让学生本人、同学、家长等参与到评价中来。学生的自评，不仅让学生反思自己的不足，更让他们体会到作为课堂主体的乐趣，从而激发学习兴趣。同学的评价，让学生知道自己在他人眼里的优点与不足，从而使自身得到提高。家长的评价，让教学工作家校一体，更利于学生的发展与成长。

如在讲授《我的家乡》这篇课文时，课堂上教师将学生分成四小组（按地区分），讲完课后，小组分别讨论一下自己的家乡。由于分组的成员都是来自同一个地方的，讨论场面都很热闹。教师首先评价学生讨论得都很认真，激励学生踊跃发言。每组派一个代表来发言，发言后，再让发言的同学与其他发言的同学比一比，对自己的发言进行评价。有了对比，学生很快就认识到自己的优点与不足，自我评价都很中肯，再由组内同学评价，发言的学生就有了很深刻的认识，对于其他未发言的同学也是一个很好的启发。课后，教师让学生回家再和父母说一说自己的家乡，这样父母也会给予评价。下次如果遇到以"我的家乡"为题目的作文时，相信学生都能够侃侃而谈了。

（二）注重评价的发展性

学生都在不断地成长，这当中都有许多值得评价的内容。聋校语文教学需要建立学生的学习成长档案，关注学生在语文学习中的发展过程。包括父母的期望，教师、同学和自我的评价，每次的作业和竞赛成绩，自己满意的作品等等。学生通过成长记录看到自己进步的轨迹，发现自己的不足，并通过成长记录加强了自我反省和自我评价能力。

（三）注重评价的时效性

学生的进步在于点滴，教师要抓住学生每一个变化，及时给予评价和反馈，使学生能够及时了解自己的进步和不足，从而提高自己的学习能力。

（四）注重评价的差异性

听障学生由于听力残余程度的不同，在学习方面表现出了很大的差异性，故教师不能以点概面，以统一的评价标准来要求不同程度的学生。

如我们在指导朗读课文时，对于残余听力较好的学生，就要求基本能够读准字音；对于残余听力较差的学生，就要求能开口读；对于毫无残余听力的学生，就要求能够用手语"读"出课文。根据不同要求让同学进行自评和师评。这样得出的评价结果才是合理可信服的。

（五）注重评价的延伸性

课堂上教师要进行学生学习行为的评价，如果将此评价延伸到课堂外，对于学生的进步更是起到了促进的作用。如在讲授如何写日记时，课堂上学生积极踊跃发言，发表观点，也指出了班级里哪些学生的日记值得大家学习，这就是学生的自评与互评的过程。但班级中仍存在不喜欢写日记的学生，课后教师采用谈心式的评语激励他们，更注重保护他们的自尊心和自信心，在评价语言的措辞上小心谨慎，让学生更多地看到自己的优势与进步，对日记放下畏惧之心。注重评价的延伸性，课后评价也很重要。

综上所述，传统的、单一性的评价方式对于听障学生语文学习存在很大的阻碍，为实现教育目标的，促进听障学生健康成长，让他们更好地了解自己，认识自己，正视自身残疾，懂得自己学习方面的优点与不足，我们在聋校语文教学中应充分认识评价方式改革的重要性，根据本校学生的具体情况，联系当地的风土人情，对传统评价方式进行改革和创新，逐步形成自身特色，让听障学生成为真正的受益者。

因为绘本，我和教研结缘

2009年，何文韬校长从北京带回来了一些特殊的读物——绘本，那是我第一次接触这么漂亮的书籍，一拿到我就爱不释手地读了起来，看似是儿童读物，但内涵丰富，不管是故事的立意，还是书籍中的插画都让我眼前一亮。还记得当时读的一本《天生一对》，主要是讲一只鳄鱼喜欢上了一只长颈鹿，这在现实生活中完全不相匹配的两个生物，作者却通过诙谐生动的语言和图画，让读者感受到他们确实是"天生一对"。

出于一名特教语文老师的职业敏感性，在读了数十本绘本后，我突然意识到这种有图有文字的书籍，对于缺乏抽象思维的听障学生来说是多么的适合。于是我立马从校长带回来的几十本绘本中挑选了一些适合听障学生阅读的，如《和甘伯伯去游河》《我爸爸》《我妈妈》《咕噜牛》等，在阅读课上尝试着让学生去阅读。正如意料之中，学生们对绘本有着极大的兴趣，除了会通过文字来了解故事大意外，他们还会指着一些图片在讨论着，还会拿一些内容来问我，这让我感到非常欣喜，同时我也在反思，怎样使用绘本，让它的作用发挥最大化，帮助学生提高语文素养。

于是我开始上网查阅关于绘本书籍的知识，也买了一些关于绘本阅读指导的书籍。同时我也购买了一批世界经典绘本，我想首先我自己得大量阅读绘本，才能筛选出适合学生阅读的绘本。后来我有了小孩，也把绘本用在我的亲子阅读中，在亲子阅读过程中，我也会多留个心眼，把适合听障学生阅读的绘本收集起来。慢慢地，结合教材主题，以及听障学生认知发展规律，我初步筛选出了几大主题的绘本，在班里成立了绘本阅读课外兴趣小组，借助周末、课余时间，带领学生一起读绘本，学生也会反馈他们喜欢读哪一类的绘本，我也不断地调整绘本阅读书目，并适时将绘本与学生的作文教学结合起来，通过观察绘本插图、读绘本文字、联系生活、仿写段落等操作，帮助学生提高书面语表达能力。在带着高年级学生读绘本《我的爸爸叫焦尼》时，我让学生联系自己和爸爸在一起的生活场景，学习绘本中的方法也来写一写自己的爸爸。有绘本作为范本，结合亲身经历，学生再来写"我的爸爸"时，好像就没那么难了。

这一次成功的体验，又让我反思，绘本阅读可以和高年级的作文教学结合起来，那么可不可以和低年级的识字教学、中年级的句子教学结合起来呢？于是我邀请低年级、中年级有兴趣开展绘本阅读的老师，在班级里尝试把绘本阅读与识字教学和句子教学结合起来，后来老师们都反馈，效果不错，于是我们就向学校申请购买一批绘本书籍，方便开展更深入的研究。

在大量的教学实践基础上，2019年我们申报了省级规划课题"绘本阅读在聋校语文教学中的研究与应用"，并成功立项，有了课题项目的支撑，我们也咨询了国内在绘本阅读方面有丰富研究经验的专家教授，得到了他们的支持与肯定。于是我们放手去做，我带领课题组老师大量阅读绘本，开展教学实践，参加各类绘本阅读教学研讨会。虽然在课题研究过程中，遇到了疫情的冲突，但我们也没放松研究的步伐，我们借助网络，参与线上活动，通过公众号为家长推送绘本阅读指导策略，做到"停课不停学"。在学校的支持下，在课题组老师的努力下，我们的课题于2021年顺利结题，并形成了"三阶教学模式"，老师们也在期刊杂志上发表了多篇论文。

2021年，我们又尝试将绘本的使用对象从单一的听障学生扩大到启智类学生，在此基础上，我们成功申报了广东省特殊教育学校精品课程，把绘本阅读教学范围扩大化，在学科方面教学的基础上，渗透德育，达到"启智绘读"的目的，在该项目进行的过程中，我们在原有的基础上进行升级，形成了"三阶四课时教学模式"。

2022年，我们又成功申报了省级重点课题"新课程标准下的特殊教育学校绘本课程开发与实践研究"，将绘本与多学科进行融合，形成一门具有我校特色的校本课程。目前该课题已完成了开题报告和中期报告。

在课题研究过程中，我不断总结反思，前后撰写了多篇论文，也在期刊杂志上发表了几篇。2009年那几本特殊的读物，结下了我和绘本的缘分，开启了我的科研之路，目前学校有几位老师在我的影响下，也在开展绘本相关的课题。这些研究让学校形成了良好的阅读氛围，打造了"爱绘本，爱阅读"的书香校园。

绘本阅读在聋校语文教学中的研究与应用

一、课题的提出

本课题的题目是：绘本阅读在聋校语文教学中的研究与应用。选择此课题的背景是，《聋校义务教育语文课程标准（2016年版）》中指出：要重视培养听障学生广泛的阅读兴趣，加强对课外阅读的指导。我校教师在开展课外阅读教学时，发现有些绘本非常符合听障学生的阅读习惯。同时，我校使用的语文教材是部编版普校教材，教师在使用教材的过程中，发现其中有些内容不完全符合听障学生的认知规律，需要教师加工处理，另外增加一些适合听障学生的教学内容。于是，我们便增加了一些绘本内容，把绘本阅读引入语文课堂中来，利用绘本自身的特点，通过多感官训练，帮助听障学生培养阅读习惯。如何选择适合听障学生阅读的绘本、研究绘本的教学策略方法等，这是一个系统的过程，我校语文组在此背景下，开展了此课题。

二、概念的界定

绘本，是"画出来的书"，指一类以绘画为主，并附有少量文字的书籍。绘本不仅可以讲故事，学知识，还可以全面帮助孩子建构精神世界，培养多元智能。听障学生由于自身生理缺陷，获取知识的渠道受阻，绘本配有大量图画，非常适合听障学生阅读理解。通过课题研究，选取出适合听障学生阅读的绘本，开展绘本阅读策略研究，帮助听障学生更好地进行阅读，为他们学习书面语表达打下坚实的基础。

三、研究思路

本课题主要思路是通过绘本阅读的选择、绘本阅读策略的研究，来丰富聋校语文阅读课堂，帮助学生养成良好的阅读习惯，达到《聋校义务教育语文课程标准（2016年版）》中对阅读提出的要求。

绘本自非常适合听障学生阅读，在这个过程中，教师需要解决的关键问题就是把绘本与语文教材结合起来，互相补充，形成适合本地区或本校听障学生的校本教材。突破的重点就是在聋校语文教学的研究过程中，把绘本阅读渗透其中，让听障学生从绘本中获取多感官知识，从绘本阅读中掌握阅读方法，养成阅读习惯，为他们今后能够自主阅读打下基础。绘本中文字叙述简单，但内涵丰富，让听障学生在阅读过程中，掌握写作方法，学会仿写绘本，进而提高语文阅读素养。

主要创新之处，就是把绘本与语文教材有机地结合起来，通过多个案例，帮助学生养成良好的阅读习惯，提高他们的书面语表达能力。在研究过程中，形成适合听障学生的校本阅读、写作教材，让聋校的语文教学显得有声有色。

四、主要研究目标和内容

（一）研究目标

1. 总目标

借助课题研究，把绘本更好地运用到聋校语文教学中去，探索出适合听障学生的阅读策略，提高学生的语文素养，营造爱阅读的校园环境。

2. 具体目标

（1）探索聋校绘本阅读的教学策略，使听障学生绘本阅读更加规范，更有梯度，为教师和家长指导学生阅读提供帮助。

（2）将绘本阅读与语文教材相结合，从三个阶段：低年级、中年级、高年级不同侧重点地引导听障学生广泛而有针对性地阅读，在大量阅读的过程中既积累丰富的语言，又逐渐掌握阅读的方法和技巧，培养阅读能力，最终促进听障学生书面书表达能力的整体提升，切实提高听障学生的语文综合素养。

（二）基本内容

1. 绘本阅读方面

选择多本绘本进行教学实践，这个过程是为了挑选出适合听障学生的阅读内容，并研究绘本阅读的教学策略，让绘本帮助学生爱上阅读，探索出适合听障学生的绘本阅读教学方法。

2. 聋校语文教学方面

在聋校语文教学过程中渗透绘本阅读教学，对人教版普校语文教材内容进行筛选，选择适合听障学生的部分，进行阅读方法指导。

3. 整合研究

将绘本阅读与部编版语文教材整合，根据教材每个单元的不同主题选择对应主题的绘本，低年级阶段重点将绘本与识字教学相结合，中年级阶段重点将绘本与句子教学相结合，高年级阶段重点将绘本与仿写教学相结合。根据教学重点的不同，凝练出不同阶段的教学模式，通过教学实践不断改进，最终固定成型。

五、主要研究方法

本研究以《聋校义务教育语文课程标准（2016年版）》为依据，以语文教材为依托，以课程论、教学论的相关理论为指导，结合绘本阅读的理论研究与教学实践来开展，以我校听障部小学阶段学生为研究对象，主要采取以下研究方法。

（一）文献查阅法

通过上网、查阅书刊等形式，获取与本课题有关的大量研究资料，通过吸收已有的研究成果，借鉴已有的理论成果，积累相关课题比较丰富的研究素材和资源，提高课题组成员的理论素养，使课题研究在理论指导下顺利开展。

（二）问卷调查法

以学校学生和教师为样本发放问卷，以了解学生阅读绘本的现状，以及教师在开展绘本阅读过程中遇到的问题。

（三）行动研究法

通过教学实践，对优秀的、典型的课例进行分析、研究，学习、反思，归纳总结出开展聋校绘本阅读的教学策略。

（四）个案研究法

结合聋校学生的特点，针对某一课例、某一教学阶段或者学生某一发展时期等进行个案研究，最终提炼出共性的结论。

六、研究的主要步骤

为达到研究目标，首先学习理论，认真研读了《聋校义务教育语文课程标准（2016年版）》，明确课标对各个阶段学生的阅读要求，提高理性认识；组织课题组成员大量阅读绘本，全方面地认识和了解绘本，聆听宋佩、刘淑雯、邓猛等专家的远程讲座，学习绘本阅读的基本理论；通过大量绘本实践课程，探索适合听障学生的绘本阅读策略；在交流研讨中，碰撞出新的阅读指导策略；在学生的绘本实践活动中，培养学生良好阅读习惯，帮助学生爱上绘本，爱上阅读。

（一）理论学习

2019年5月发立项证书后，课题组成员马上召开会议，明确课题研究方向，明确各自的分工，制定任务时间推进表。课题组要求每位成员自觉加强学习，认真查阅资料，查找与课题相关的理论支撑，为课题研究提供有力的、前沿的理论依据。

课题主持人高飞于2019年7月8月参与了由西南大学绘本阅读研究中心、北京启发世纪图书有限责任公司联合举办的"牵手阅读共同成长"活动，成为活动阅读导师，聆听了阿甲、宋佩、刘淑雯等绘本专家的专题讲座，对绘本阅读进行了系统学习，并为全国近百所特校1000多名特殊儿童及其家长开展了网上绘本阅读指导课。由于出色的表现，她荣获西南大学教育学部颁发的2019年"牵手阅读共同成长"活动"优秀志愿者教师"称号，获得北京启发世纪图书有限公司奖励的100册绘本书籍。高飞把所有书籍放入学校图书室，作为课题研究资料，供师生共同阅读。

2021年1月8日，以"数字时代，发现阅读教育的无限可能"为主题的第二届中国特殊儿童阅读教育论坛顺利召开。课题组成员及启聪部部分老师在学校二楼会议室共同观摩了本次论坛活动。因为疫情，论坛采取线上的形式，聚焦特殊教育绘本阅读、融合教育绘本教学实践，旨在共同推动特殊教育领域绘本阅读的未来。在特殊教育教学实践分享环节，9所来自我国大江南北的特殊教育学校校长、教师分享了各自团队在特殊儿童绘本阅读教学中的实践经验。本次活动，为课题研究再一次提供了有力的理论指导。

（二）问卷调查

通过实际调研、问卷等形式调查学生乐于读的绘本教材特点，系统地整理出教材筛选内容，与教材内容紧密相关的绘本内容。

2019年9月，按照课题实施方案的安排，我们在学校启聪部进行了关于绘本的问卷调查。本次调查问卷发给任课教师问卷20人，启聪部学生87人。收回教师问卷20份，有效数量20份；收回学生问卷85份，有效数量85份。本课题组从调查样本分析绘本对学生语文阅读能力提升的作用，我们从中调取关于绘本阅读的数据资料进行了分析，试图对绘本阅读现状有一个基本了解。

根据收回的问卷，我们了解到教师和学生比较乐意在语文教学中渗透绘本阅读，学生喜爱绘本，并能够把绘本所学的知识与语文学习、生活实践相联系。学生更喜欢形象、简洁风格的图画，对抽象的画面表现出较冷淡的态度，这为我们选择绘本提供了依据。

（三）专家导行

课题立项初期，我们邀请了学校副校长向仪洪进行了课题指导，在课题开展、案例收集、论文撰写等方面给予了专业性指导，提升了研究效率。中期阶段邀请向仪洪副校长、特殊教育高级教师陈翠银对课题进行了阶段性指导。

课题研究接近尾声时，为了深入落实教科研课题研究工作，增强我校课题的研究能力和水平，让课题能够顺利如期结题。2021年1月21日下午，在副校长郑道勇的带领下，课题组部分成员来到了江城区教师发展中心，向语文教研员邓梅老师学习如何开展课题结题工作。邓梅老师对课题结题提出一些有针对性的指导意见。成果成效要写得细致物化，具体要从13项来展示，成果性资料主要包括三种；结题报告要注意规范，几大模块要全部包含，要严格按照撰写格式和要求来写；方案、体系、成效要一致；实践操作层面一定要写清楚；等等。邓梅老师的指导细致而全面，老师们深受启发。

2021年3月25日，我们走进茂名市特殊教育学校，聆听了由岭南师范学院特教系副教授杨溢为我们开展的"特殊教育学校教师如何开展科学研究"专题讲座。讲座围绕"科研是什么，科研进程如何，科研如何开始"为我们进行了系统的讲授，让我们对课题的研究和论文的撰写，有了更新的思路。

（四）绘本教学实践

1.课堂教学实践

实施阶段初期，课题主持人兼语文教学组长高飞老师，在语文组内开展了"上好一节绘本阅读课"的公开课活动，老师们积极参加，在上课评课的过程中初步探讨绘本阅读在聋校语文教学中的应用。

2020年10月至11月，语文组又开展了课题成果汇报课，在低年级、中年级、高年级三个阶段形成了固定的教学模式，在校内进行推广。

组织课堂实施，探索聋校绘本阅读的教学策略，寻找一些具有特征案例进行研究反思，逐步积累案例和阶段性成果，开展绘本阅读教学实践，在教学过程中评课、议课，不断总结反思。

2.课堂交流活动

2019年10月，敖爱群老师在茂名市特殊教育学校与我校课堂教学交流活动中，上了一节绘本研讨课——《大脚丫跳芭蕾》，效果很好。

2019年11月，高飞老师在我校、阳东区培智学校及江城区特殊教育学校教师专业成长联盟活动中，上了一节绘本交流研讨课《老虎卡车》，课后针对本节课及如何开展绘本阅读，与三所学校的领导及老师开展了研讨。11月底，高老师还在湛江市特殊教育学校面向全省兄弟学校的老师上了一节绘本展示课，并受到了专家的一致好评。

2019年12月，课题组全体成员赴开平、台山两所特殊教育学校，与该校老师就绘本阅读开展了研讨活动，课题组成员在研讨会上都做了精彩的发言。项日老师现场展示了一节《小猪变形记》绘本阅读课，受到了学生和老师的一致好评。

2019年12月，高飞老师在新疆维吾尔自治区喀什地区伽师县巴仁镇中学观课评课、交流活动中，做了主题"小绘本，大德育"的发言，获得高度评价。

2021年3月，课题组成员赴茂名市特殊教育学校，与该学校的老师就课题结题开展了研讨活动，课题组成员在研讨会上都做了精彩的发言。关晓华老师现场展示了一节课题精品课《神奇糖果店》绘本阅读课，受到了学生和老师的一致好评。

2021年5月，敖爱群老师在肇庆市启聪学校与我校课堂教学交流活动中，上了一节绘本阅读展示课——《乐婆婆和她的小狗》，效果很好。

同时，课题组成员还积极参加省市其他语文阅读教学活动，如课题组成员高飞、项日老师参加了由阳江市红十字会联合市教育局举行的农村留守儿童"圆梦之家"活动，为江城区朗东小学、江城区白坭小学送去了两堂精彩的绘本阅读课。

3. 线上导读

疫情期间，我们课题研究的步伐也没有停下。线下，我们继续扩大绘本阅读面，在阅读过程中不断探索适合听障学生的阅读策略。线上，我们通过网络资源不断学习理论知识，充实研究的理论基础。为家长和学生开展线上绘本阅读导读活动，在微信群中推送绘本阅读视频及导读方案，丰富了疫情期间学生居家学习生活，培养了学生的阅读兴趣，融洽了亲子关系。其中高飞老师录制的《妈妈要去打怪兽》讲述医护人员投身疫情阻击战的故事，该视频被选为阳江市省市名班主任工作室教学资源，并向全市推送阅读，获得无数人点赞。

课题组成员魏振腾老师在导读绘本的过程中，制作了绘本阅读视频，通过魏老师有感情地朗读配合我校学生黄桃炜手语翻译，为我们演绎了不一样的绘本故事《彩虹色的花》，为听障学生阅读这本绘本提供了一个很好的阅读方式。魏老师的讲述得到了西南大学绘本阅读研究中心的肯定，被选中在公众号发表，让更多特殊儿童与普通儿童享受优质的绘本阅读资源。

（五）学生的绘本实践活动

1. 百本绘本漂流计划

2019年10月，由教导室牵头、课题组承办，开展百本绘本漂流计划。选择100本适合特殊学生阅读的绘本，参与漂流计划。

（1）班级间的漂流（50本）

每班5本，交由语文老师负责，用于每周五下午自习课共同阅读。5周交换一次，每周阅读后，学生需做好阅读记录，写下阅读心得。学期末，每班选择阅读记录做得好的同学进行展示。课题组老师做好收集工作，形成《读绘本，美心灵》学生绘本阅读心得集。

（2）教师间的漂流（30本）

给每位语文老师提供3本绘本（课题组成员），用于教师课外阅读教学的补充读物。每个月交换一次，在交换阅读时，老师和老师之间交流在阅读绘本或者是开展绘本阅读教学时的心得。

（3）办公室漂流（20本）

20本绘本放置于语文组办公室，教师们可自行取阅。

通过"绘本漂流计划"，我们可以了解到学生喜欢读哪一主题类型的绘本，也可以在和学生共读绘本的过程中对他们进行阅读方法的指导。

2. 学生绘本手语故事大赛

课题组组织开展了学生绘本手语故事大赛，学生使用国家通用手语，将绘本故事内容以情景剧或小品的形式展示出来。在老师和同学们的巧思妙想下，比赛精彩纷呈。为了这次比赛，每一个班级都在很认真地排练，老师们从绘本故事内容选取、PPT和背景音乐制作到配音每一步都在细细斟酌，同学们自己制作的面具、头饰、道具让大家赞叹不已，在这种齐心协力的氛围中，大家对于如何阅读也有了更有效的方法，同时在表演过程中，对绘本的教育意义进行了深挖，让绘本阅读不仅仅停留在表面，对绘本的意义有了更深层次的思考，也让学生们更加热爱阅读绘本。

3. 学生绘本阅读小报比赛

同学们从阅读的绘本中选择喜欢的语句、段落，仔细抄写，精心装饰。小报的制作全部由学生独立设计完成，内容丰富，涉及中外著名绘本的介绍、读书体会、读书名言、好词好句等。对孩子们来说，这是一次快乐读书的耕耘与播种，这是一次对读书快乐之情的淋漓表达，他们把读绘本的体验，用心画出来，用情写出来，把自己的收获与大家一起分享！浓浓书香飘溢在校园之中。此次活动的开展，对提高学生的阅读能力、摘抄能力、积累能力等起到了很大的作用，并给我校的读书生活增添了几分色彩。

七、研究的主要成果和结论

通过以上一系列研究活动，课题的研究目标已全部完成。总结起来，课题终期研究成果如下。

（一）绘本阅读教学模式的凝练及教学方法的总结

1. 三阶教学模式

本课题主要特色是以听障学生的阅读特点为出发点，将绘本与学校目前使用的部编版语文教材相结合，不同教学阶段，阅读指导侧重点不同，低年级注重将绘本阅读与识字教学相结合，中年级将注重绘本阅读与句子教学相结合，高年级注重将绘本阅读与仿写相结合。部编版语文教材每个单元都有一个主题，所选绘本与教材主题相似或有所拓展，课内课外相结合。注意所选绘本与学生生活实际联系紧密，突出课堂生活化。每本绘本都有较深刻的意义，在语文课堂中，穿插学生的品行教育，培养学生的德育情操。在实践过程中，每个阶段的教学模式都有固定的凝练形式。

低年级阶段——识字教学——绘本苗：激发兴趣、赏析图画、快乐识字、体验情感；

中年级阶段——句子教学——绘本花：赏析图文、提取信息、快乐写话、体验情感；

高年级阶段——仿写教学——绘本树：欣赏图画、品读文字、自由想象、巧妙创写、体验情感。

（1）低年级阶段——识字教学——绘本苗

识字是阅读的基础，是听障学生入学后第一学段的教学重点。听障学生识字教学应根据听障学生获取知识的特点，除了课本常规的识字教学外，还应从生活中选取他们喜欢的素材，在潜移默化中主动识字。在开展听障学生的识字教学时，课题组老师巧妙将绘本与识字教学相结合，通过直观形象的图文，在快乐的教学氛围中，提高识字教学效率。

在选取绘本素材方面，课题组老师根据听障学生识字习惯，可选择既和课文单元主题相吻合，又有大图配大字的适合低年级听障学生阅读的绘本，帮助他们增加识字量。例如，"EQ情商教育读本"一共有10册，选用了小老虎、小鸭子、小鱼、小猪、小马等可爱的小动物为主角，并赋予它们极为生动有趣的故事内容。对于低年级的听障学生来说，有着很大的吸引力，快乐的绘本识字教学就开始了。

低年级阶段的绘本识字教学，主要是要激发学生的兴趣，让学生快乐识字，在识字过程中链接生活，进而增强绘本情感体验，保护学生对绘本的喜爱之情，让"绘本苗"快乐成长。

（2）中年级阶段——句子教学——绘本花

模仿，是学生的必经之路。对于中年级听障学生，仿写句子是提高语言能力的必由之路。绘本的语言有一定的规律性，并且简洁明了，为学生提供了语言形式的"模板"，巧用绘本中的句式仿写，降低孩子说话、写话的难度，让学生在语言的模仿与实践中获得语言的技能与交往的能力。

如在绘本阅读教学《大脚丫跳芭蕾》中，利用句式"餐厅里的客人喜欢她，因为她动作快、脚步轻巧灵活"，引导学生体会句中的因果关系，在理解句子所表达的形式的基础上，让学生仿写表示因果关系的句子。又如绘本《我妈妈》阅读教学中，指导学生仿照绘本中"我妈妈像蝴蝶一样美丽，还像沙发一样舒适"进行仿写，学生写话的灵感就来了，写出"我妈妈像天使一样漂亮，还像小绵羊一样温柔""我妈妈像牛一样强壮，还像超人一样能干"……真是妙语连珠。利用绘本中的句式指导学生说写，既让学生在写句中加深了对绘本故事的理解，提高阅读理解能力，还克服了学生写话的畏难心理，让学生乐于表达。

通过赏析图文、提取信息、快乐写话、体验情感四个步骤，"绘本花"越开越旺。

（3）高年级阶段——仿写教学——绘本树

在高年级阶段，课题组老师们根据听障学生掌握语言的习惯，把绘本与仿写相结合，提炼出"绘本树"教学模式，按照欣赏图画、品读文字、自由想象、巧妙创写、感悟人生五个步骤来完成一本绘本的学习。

①欣赏图画，感受形象意义

绘本图画中的细节往往隐藏着情感起伏，等待着读者去发现并感悟，所以读绘本不能只读文字。如何让听障学生掌握绘画语言呢？那就要训练听障学生养成欣赏图画、通过图画信息去理解故事的习惯。所以，在开展听障学生绘本阅读教学时，教师要特别注重引导听障学生欣赏绘本上的图画和注意观察一些细节，如封面封底信息和容易让人忽略的环衬页等。

②品读文字，体会语言魅力

绘本的文字相对简洁明了，省去了繁复的叙述，更符合听障学生的语言思维，同时也给听障学生留下了无尽的想象空间。在阅读绘本时，给出充足时间让听障学生反复品读，使故事内容在听障学生脑中形成画面，并与绘本上的图画相逢、互补。丰富的想象给绘本"补白"，使绘本更加丰满。听障学生在品读中，感受到语言的魅力，激发了阅读的兴趣。

③ 自由想象，激发个性创意

阅读是离不开推断和想象的，这种根据已知探求未知的过程，在阅读心理学上称为"预测"。我们所熟知的绘本中有不少是通过重复的情节和句型来推进故事的，从而构成旋复式结构。在开展这类绘本阅读教学时，教师要注意引导听障学生积极参与到故事情节的推演过程中，鼓励他们对故事情节进行大胆猜想（预测），充分发挥听障学生的想象力实现故事的完美衔接。

④ 巧妙创写，提高写作能力

绘本语言简洁明了、通俗易懂、生动简练，非常适合听障学生阅读。绘本中经常出现的拟人、夸张、反复等语言手段也非常适合听障学生模仿和借鉴。针对听障学生写作难的现象，教师充分利用绘本资源，总结绘本中的写作方法，为作文课提供有效的作文教材。通过仿写练习，学生知道如何去写。听障学生在仿写的过程中，既对绘本本身的结构和语言特色有了更深刻的了解，又提高了写作能力。

⑤ 感悟人生，丰富情感体验

绘本题材丰富，涉及面广，友情、亲情、勇气、生命尊严、自然和环境等，其中蕴含的知识、情感、人生哲理几乎涵盖了听障学生生活和成长的方方面面。所以在绘本阅读指导中，要因势利导，引导听障学生不断观察生活，使阅读教学与生活实际有机整合。从绘本世界到现实世界，找到那个联系点，让他们安全地投射自己的感情和想法，产生共情，达到丰富听障学生的情感体验的目的。

2. 三遍绘本精读法

第一遍带领学生整体感知绘本，结合绘本的封面、环衬、封底等对绘本有一个初步了解，激发学生的阅读兴趣；第二遍图文集合，根据教学重难点，在绘本阅读中穿插识字、句子、仿写教学；第三遍探究绘本，链接生活，体验情感。

（二）教师相关论文集

在研究过程中，课题组成员不断反思，不断总结，将自己的实践经验凝练提升，写成论文。最终课题组将教师所有论文收集成册，为今后课题成果推广打下理论基础。论文也是课题组教师的经验总结，为其他教师进行绘本阅读教学起一定的指导作用。论文集共收录了10篇相关论文。其中有7篇发表在期刊杂志上，3

篇在阳江市教育教学论文评比活动中获奖。

2020年7月，高飞的《例谈绘本在聋校语文教学中的应用》发表于《新作文》，国内刊号CN14-1274/G。论文阐述了通过绘本教学案例，将绘本引入聋校语文课堂中来，结合绘本自身的特点，帮助听障学生增加词汇量、培养阅读习惯、学习写作方法等。

2021年5月，高飞的《浅谈如何与听障学生一起读绘本》发表于《广东教学报》，刊号CN44-0702/F。论文从挑选绘本、读绘本、绘本阅读教学策略等方面阐述了与听障学生一起读绘本的心得体会。

2021年1月，关晓华的《绘本阅读教学对于提高聋校语文教学效率的探讨》发表于《读与写》，国内刊号CN51-1650/G4。绘本因其自身的特点，是聋校语文教材一种很好的补充，在教学中如果运用得当的话，能够很好地激发听障学生学习语文的兴趣和提高听障学生的语文能力，从而实现聋校语文教学效率的提高。该论文探究的是绘本阅读如何提高聋校语文教学效率。

2021年4月，关晓华的《浅谈聋校语文阅读教学之绘本阅读指导策略》发表于《广东教学报》，刊号CN44-0702/F。论文主要探究如何让听障学生在老师的指导下阅读绘本，将赏图、读文、想象、实践和体验这些环节有机结合起来，从而达到提高听障学生阅读能力和培养听障学生语文综合运用能力的目的。

2021年3月，项日的《绘本教学在聋校语文教学中的应用》发表于《广东教学报》，刊号CN44-0702/F。论文从绘本教学在聋校语文课堂教学中的积极作用和聋校语文课堂教学中绘本的具体应用措施两方面进行了阐述。

2021年1月，梁丽国的《浅谈绘本阅读在聋校语文教学中的应用》发表于《学生·家长·社会》，国内刊号CN43-1450/C。论文提出在聋校语文阅读教学中，教师可巧妙地借助图文一体的绘本，引导学生积极阅读，逐步强化阅读能力。

2021年5月，梁丽国的《让听障学生在快乐中阅读——聋校小学低年级绘本阅读指导策略》发表于《广东教学报》，刊号CN44-0702/F。论文以《可爱的鼠小弟》系列绘本为例，结合笔者实践教学经验探讨在语文阅读教学中应用绘本阅读的策略，旨在提升低年级听障学生的阅读能力，丰富他们的语言思想能力。

另外，魏振腾老师的《例谈绘本在听障学生心理健康教育中的应用》获市一等奖，刘叶娟老师的《浅谈如何利用绘本提高听障生的阅读能力》、敖爱群老师的《巧用绘本教学，有效提高听障学生的语言能力》获市三等奖。

（三）绘本阅读教学资源库

我们研究的课题是学科性课题，在研究过程中少不了课程实践。我们从最初的试探摸索着上课，到最终的成果展示课，在低年级、中年级、高年级各个阶段都有代表性的示范课。教师借助合适的绘本将识字、句子、仿写教学融合其中，从各个方面提升学生的语文素养。课程实践过程中收集了一批绘本阅读的教学设计（23篇）、课件（23个）、课堂实录、微课、导读视频（共15个），形成了一个内容丰富的绘本教学资源库，其他老师再用同一本绘本进行同一教学目标时，资源库中的教学设计、课件、课堂实录都可以作为备课参考，资源库中包含了课题组老师在各个学校上的示范交流课，为课题推广提供有力的帮助。

（四）绘本阅读导读方案集

绘本阅读导读方案集收集了课题组老师在疫情期间进行线上绘本导读时制订的详细的8本绘本的导读方案。导读方案针对《鼹鼠太太，我回来喽！》《我喜欢自己》《神奇种子店》《猜猜我有多爱你》《我爸爸》《叶子小屋》《阿文的小毯子》《大》8本绘本，从绘本内容简介、绘本作者、精彩图画赏析、绘本阅读目标、同类绘本推荐等方面进行了详细阐述，其中按照学生的层次制定了高段、中断、低段的阅读目标及亲子阅读建议，帮助家长和学生在家更好地开展课外亲子阅读。在精彩图画赏析环节，选取绘本中具有代表性的图画页，教会家长在与孩子一起读绘本时应该注意哪些方面，让亲子绘本阅读开展得更为顺利。同时，课题组成员还录制了一些手语绘本阅读视频，帮助听障学生理解绘本内容。这些作为课题研究成果，具有一定的推广性。

（五）学生绘本阅读心得集

课题研究过程中，为了帮助学生建立阅读成长档案，每位学生准备了一本A4便条本，作为学生绘本阅读心得的记录本。通过这个记录本，也可以看到学生阅读的进步。老师在指导学生阅读绘本时，引导学生抄一抄绘本中喜欢的词句，写一写自己的阅读心得，画一画绘本给自己的感受，形成学生绘本阅读心得集。定期在班内或校内传阅，让学生和学生之间因为一本绘本产生链接，促进绘本阅读交流，也帮助学生互相学习，共同进步。为了增大影响效果，在记录本的基础上，做出绘本阅读小报，进行评奖、展出，将绘本阅读的影响扩大化，形成全校爱绘本、爱阅读的良好学习氛围。

结题阶段，课题组结合学生记录情况，制作了《绘本阅读手册》，全校学生每人一本，帮助学生更好地进行绘本阅读记录。

（六）校本教材——绘本推荐书单

课题研究的终极目标是更好地开展教学，根据教学实践，按照部编版语文教材每个单元的主题，课题组成员梳理出一套对应每个单元主题的、适合听障学生阅读使用的绘本作为教材补充。这个书单可供其他老师在开展绘本阅读教学时参考。课题组根据部编版教材的单元主题共梳理出了94本（套）的绘本供老师们参考。

（七）潜在成果

1. 学生爱上阅读，语文素养得以提升

课题研究改善了学生的阅读状态，通过"百本绘本漂流计划"等活动增加了学生的阅读量，形成了"爱绘本，爱阅读"的良好校园阅读氛围。学生从最初的不知道绘本是什么，到现在拥有大量绘本阅读量，提高了学生阅读水平，帮助学生在识字、句子、仿写等方面取得了很大的进步，提升了学生的语文素养。

2. 教师教研水平得以提高

通过课题的开展，教师比较全面地了解了绘本阅读在聋校语文教学中的应用。参加课题研究以来，在专家导行、同行交流等多种形式的学习下，逐步探索出绘本阅读策略，并能运用到平时的语文教学中，促进了自身的专业发展，取得了良好的教学效果。

3. 精品课程项目立项

研究过程中，在教务室主任兼课题组成员刘叶娟的带领下，将课题研究成果纳入课程设置当中，主持人高飞作为负责人申报了"启智绘读"广东省特殊教育精品课程，目前已立项，并以每周一节课的形式正在实施，更好地为学生开展绘本阅读指导。帮助解决了现实中教师处理教材难的问题，教学对象从单一的听障学生过渡到听障及智障两类学生，为更多的特殊孩子开展阅读教学提供了实践经验指导。

八、研究后的思考

未来如何将绘本在特殊教育学校各学科中有机融合，是特教老师共同探讨的方向。在本课题的研究基础上，我们可以再深入挖掘绘本的教学潜能，从读绘本到创作绘本，充分调动学生的主观能动性，在第三阶段的基础上，进行绘本创作，真正地做到学以致用，帮助学生更好地表达自己。

例谈绘本在聋校语文教学中的应用

目前，各地聋校使用的语文教材大部分是普校教材，教师在使用教材的过程中，发现其中有些内容不完全符合听障学生的认知规律，需要教师加工处理，另外增加一些适合听障学生的教学内容。在处理教材时，我们增加了一些绘本内容，把绘本引入语文课堂中来，利用绘本自身的特点，帮助听障学生获取更多知识。

绘本是画出来的书，通过绘图配字向读者传递信息。绘本借助生动有趣的图画故事，帮助学生掌握知识，了解世界，使他们的多元智能得以发展。听障学生由于自身生理障碍，获取知识的渠道受限。视觉感官成了他们了解世界、学习知识的主要途径。绘本配有大量图画，非常适合听障学生阅读理解。

在教学实际中，笔者尝试从多个角度使用绘本，把绘本应用到聋校语文教学的各个环节中。

一、绘本在识字教学方面的应用

识字是阅读的基础，是听障学生入学后第一学段的教学重点。听障学生识字教学应根据听障学生获取知识的特点，除了课本常规的识字教学外，还应从生活中选取他们喜欢的素材，在潜移默化中主动识字。在开展听障学生的识字教学时，我们要运用直观形象的教学手段，在快乐的教学氛围中，提高识字教学效率。

在选取生活素材方面，教师可选择一些适合低年级听障学生阅读的绘本，帮助他们增加识字量。例如"EQ情商教育读本"一共有10册，选用了小老虎、小鸭子、小鱼、小猪、小马等可爱的小动物为主角，并赋予它们极为生动有趣的故事内容。

对于低年级的听障学生来说，有着很大的吸引力，快乐的绘本识字教学就开始了。下面以《嘚咯嘚咯小马》这册绘本的教学片段为例，讲解绘本在识字教学方面的应用。

（一）激趣导入

1. 从绘本的封面来看，大家知道今天绘本的主人公是谁？那么，小马今天会遇到哪些小动物呢？请同学们在读绘本时找一找，并在绘本中试着画一画。

设计意图：让学生带着问题去读绘本，更能激发他们的兴趣。在找绘本中的小动物时，把图片和文字对上，就是让学生进行主动识字。

……

（四）游戏识字

1. 绘本中小马帮助了哪些小动物呢？在字卡中找出来。

（小鸭、小乌龟、小兔）

2. 这些小动物去买了什么呢？在字卡中找出来。

（买菜、买米、买萝卜）

3. 小游戏：请你帮助小动物们买一买，帮忙把小动物们带去对应的商店吧。（用字卡操作）

设计意图：通过游戏的环节巩固识字，在学以致用的过程中增加识字量。

……

绘本故事性较强，图文并茂，能够激发听障学生的阅读兴趣。教师巧妙地将绘本和识字教学相结合，帮助学生增加"认字"量，为他们今后的阅读奠定基础。

二、绘本在阅读教学方面的应用

（一）课外延伸，丰富情感体验

《聋校义务教育语文课程标准（2016年版）》中指出：要重视培养听障学生广泛的阅读兴趣，加强对课外阅读的指导。

绘本因其自身特点，能够吸引听障学生主动阅读。于是，教师就把绘本和语文教材结合起来，从课内阅读到课外阅读，形成良好的课堂延续。例如，我们在学习朱自清的《背影》这一课时，课文分析后，选择了《我的爸爸叫焦尼》绘本进行补充阅读。

……

（五）课外延伸

师：同学们，通过《背影》这篇课文的学习，我们可以体会到父爱的深沉，父子之间特殊的情感。今天，老师又给你们带来了一本新的绘本《我的爸爸叫焦尼》。同学们来看看这本绘本中讲述了父子之间怎样的一个故事呢？读一读，比一比，想一想，它和《背影》里的表达方式有什么不一样呢？

……

《我的爸爸叫焦尼》绘本中表达情感的方式较为直接，学生在阅读过程中可以通过图片辅助理解文章内容。由此绘本，再来体验《背影》中的情感，学生就会更加轻松。绘本可以作为教材的延伸，也可以帮助学生增加课外阅读量。

（二）主题式阅读，丰富文本知识

语文教材中，每个单元都有一个比较集中的教学主题。如人教版八年级下册第一单元的课文，或表现各地风土人情，或展示传统文化习俗。在学习本单元时，教师选取关于风土人情、传统文化的《中国文化之旅》，带领学生们通过有趣的故事、生动的插图，走进中国文化，认识习俗，学习知识。

为更好地开展绘本阅读教学，教师可以在班级建立"绘本小馆"，把学生和老师拥有的绘本放在这个小馆中，与大家分享。教师可以从学校图书馆，选择一些适合学生本阶段阅读的绘本，丰富学生的课外阅读量。

三、绘本在写作教学方面的应用

绘本除了在识字和阅读方面有所应用外，也可以很好地运用到聋校的写作教学中来。根据听障学生的写作习惯，在作文教学过程中，教师可以在绘本阅读过程中选取比较贴近学生生活实际的素材，指导他们在写作实践中学会写作。从绘本阅读过渡到作文教学，可以把绘本应用到看图写话、仿写等方面的练习中。

（一）看图写话

低年级进行看图写话训练时，教师可选择图片信息含量大的绘本，发挥学生的想象力和创造力，以"头脑风暴"的形式，让他们尽可能多地写出自己看到的和想到的。《蜻蜓的日记》《蝉的日记》等日记系列的绘本，以日记的形式进行绘本展现。

……

（二）看绘本，写绘本

师：刚才我们已经大致阅读了这本绘本，同学们有没有发现这本绘本和我们以前读过的绘本有哪些不同呢？

（绘本的文本以日记的形式出现，每页的图片都很丰富，就像在向我们讲一个故事。）

师：那我们就来帮助日记的主人公蝉先生，把它的一天写得更丰富些吧。你可以选择自己喜欢的一页来写一写。我们要注意图片中出现了哪些人物，做了什么事，他们会说些什么，或者会想些什么呢？请同学们做一做绘本的作者，等下和同学们分享你写的内容，看看你写的和绘本中蝉写的有什么不一样呢？

……

通过类似的教学，帮助学生练习看图写话。此类绘本既可以作为学生看图写话的素材，也可以作为学生写日记的范本。

（二）仿写

绘本也可以作为仿写的素材。如前文提到的《我的爸爸叫焦尼》这本绘本。

……

（三）截取片段，深入探究

1. 回顾绘本，绘本中一共描绘了哪些场景？

2. 细读父子俩在比萨店的段落，学习其中的写作方法。

设计意图：回顾绘本，加深学生对绘本内容的了解。由于绘本内容较长，再次通读，课堂时间就难以控制。于是，截取绘本中具有代表性的一段，再次诵读，总结出其中的写作方法，实现由读到写。

（四）探究绘本，总结写作方法

1. 自读片段，同桌讨论写作方法。

2. 汇报交流。

3. 师小结。

（1）去过哪些地方，遇到哪些人；

（2）在特定的场景里发生了什么事情；

（3）注重细节描写，如人物的语言、动作和眼神等。

4. 利用总结出来的写作方法，写一写自己和爸爸之间发生的事。

设计意图：学生通过读再总结出写作方法，可以帮助学生更好地完成接下来的写作环节。

……

针对听障学生写作难的现象，教师充分利用绘本资源，为作文课提供有效的作文教材。仿写练习，让学生知道如何去写。

四、绘本在语言交往教学方面的应用

沟通与交往能力是听障学生参与社会生活的必备能力。聋校的语文教学除了常规的基础知识以外，教师还应重视培养听障学生看（听）、表达能力，使听障学生具有文明和谐地进行人际交流的素养。聋校没有统一的"语言交往"方面的教材，教师可以从绘本中筛选出一些实用教材，采用灵活多样的形式，注重引导听障学生在具体的交往情境中进行语言交往能力的训练。如借助《和甘伯伯去游河》绘本进行语言训练，帮助学生练习如何向别人提出请求和要求。

……

（三）说一说

师：同学们看完绘本，是不是觉得很有趣啊？那我们来说一说绘本的主要内容吧。

1. 说一说绘本的主人公们

（1）甘伯伯去游河，还有谁和他一起去呢？

学生回答，老师板书动物的名字。

（2）他们是怎么和甘伯伯说的呢？

根据板书，让学生按照绘本中的句式说一说。鼓励学生想一想还可以怎样说呢？能和别人说的不一样吗？

（3）师："甘伯伯答应了吗？甘伯伯是怎样说的呢？我们一起来看一看吧。"

课件将绘本中的内容以对话的形式展现。

2. 齐读绘本中的对话

3. 分角色朗读对话

设计意图：通过绘本，学生了解向别人提出请求和要求时，应该怎样说。在反复朗读的过程中，体会与人沟通的乐趣。以绘本中活生生的动物形象为例子，学生更容易掌握。

（四）玩一玩

师：下面老师做甘伯伯，你们选择自己喜欢的动物来演一演，我们一起来玩游河的游戏好吗？请大家一个一个的来上船，上船之前要像小动物一样和我说一句请求上船的话。

设计意图：通过游戏，巩固学生对语言地运用，玩中学，使知识点得到内化。

……

教师要重视在语文课堂中培养听障学生的语言交往能力，可以选择关于社会适应等方面的绘本，如《小乌龟富兰克林》系列绘本，通过主人公小乌龟和朋友之间的沟通与交往，来引导听障学生学会正常与人沟通。

综上所述，教师可根据教学实际，选择适合听障学生的绘本，激发他们的学习兴趣，把绘本和语文教材有机结合起来，让聋校的语文教学显得有声有色。

联系生活，漫谈"我和爸爸"

——绘本《我的爸爸叫焦尼》教学实录

一、联系生活，谈谈自己

师：今天，老师给大家带来了一本绘本《我的爸爸叫焦尼》，这是一本描写我和爸爸在一起的一天发生的故事。在开始阅读这本绘本前，我想问问你们，如果让你和爸爸在一起待一天的话，你会和爸爸做些什么事呢？

生1：我想和爸爸一起去游乐场玩一天。

生2：我想让爸爸带我去吃大餐。

生3：我会和爸爸去书店，买我喜欢的书。

生4：我想让爸爸带我去看电影。

生5：平时都是妈妈带我去逛街买东西，我也想让爸爸陪我去逛逛街，买买衣服。

生6：我想让爸爸带我去海边玩。

师：哇，老师从你们的回答中都可以感受到那一定会是快乐的一天。你们和爸爸在一起会做这些事啊！去游乐场玩、去吃大餐、去书店买书、去看电影、去逛街买衣服、去海边玩。（一边总结，一边板书）

师：今天，老师给大家带来的这本绘本中，他们父子俩会做哪些事情呢？大家有没有兴趣了解一下啊？

生：想！

师：好吧，我们就一起走进这本绘本吧。

二、共读绘本，领略内涵

（一）教师朗读

画面一：爸爸坐火车来狄姆的城市看他

师：火车就要来了，爸爸坐的火车……秋天开始的时候，我和妈妈搬到了这座小城。从那以后，我一直都没有见到过爸爸。不过，今天我可以和爸爸在一起过一整天。"你听到了吗，狄姆？焦尼到来之前，你待在这里不要动！"妈妈说完，把我留在站台上就走了。我的名字叫狄姆，爸爸叫焦尼。

师：大家猜一猜狄姆此刻的心情会怎样呢？

生1：激动，因为他很快就可以见到爸爸了。

生2：高兴，因为他今天可以和爸爸在一起过一天。

师：我也觉得此刻狄姆是充满着期待的，期待和爸爸度过愉快的一天。那么接下来，会发生什么事呢？

画面二：爸爸到达了狄姆所在的火车站，狄姆在站台上等爸爸

师：火车终于来了，它"唉——"地发出一声好像叹气的声音，"咣当"一下停下来。是不是从很远的地方跑来，累坏了呢？车门"吱——"的一声吐了一口气，慢慢地打开了。啊，爸爸！不过，我按照妈妈说的，站在站台上一动也没动。

师："火车终于来了，它'唉——'地发出一声好像叹气的声音，'咣当'一下停下来。是不是从很远的地方跑来，累坏了呢？"这句话用了什么修辞手法？

生：拟人。

师：对的。"我"看到爸爸了吗？

生：看到了，不过，他按照妈妈说的，站在站台上一动也没动。

师：嗯，狄姆真听妈妈话。

画面三：爸爸抱起了狄姆

师：于是，爸爸奔了过来，一把就把我给抱了起来。"啊哈，狄姆！我总算来了，我好想见你。今天，我们两个人干什么呢？""这还用问吗？放心，我知道。做爸爸和我想做的事就行了呗。"

师：爸爸和"我"想做的事是什么呢？会不会和你们的一样呢？（学生充满

期待）我们继续往下看吧！

画面四：爸爸带狄姆去买热狗

师：一出车站，就有一家卖热狗的小店。我刚一停下，爸爸就叫道："给我两份热狗！""我只要番茄酱，不要芥末酱。"我连忙补充说。

画面五：狄姆向别人介绍自己的爸爸

师：然后，我们两个人大口大口地吃起了热狗，爸爸很快就吃完了。我用手指着爸爸，告诉热狗店的阿姨："这是我爸爸，他叫焦尼。"

师：狄姆和爸爸一出站台，就去干什么了呀？

生：吃热狗。

师：和杨峰差不多，和爸爸去吃东西。同学们，注意一下，狄姆和热狗店的阿姨说了什么呀？

生：这是我爸爸，他叫焦尼。

师：对。

画面六：爸爸打算带狄姆去看电影

师：我们继续看。我们到了电影院，这里正在放映动画片。"你不是很喜欢动画片吗？"爸爸问。我使劲儿地点了点头。

画面七：狄姆又向售票员介绍自己的爸爸

师：在检票口，一位留着胡子的伯伯把两张票合在一起撕了。

师：同学们猜一猜，狄姆会和这位伯伯说什么呢？

生：会不会又说："这是我爸爸，他叫焦尼。"

师：那我们看看绘本中是怎么说的——"这是我爸爸！他叫焦尼！我们一起看电影！"我告诉伯伯。同学们真棒，猜对啦。这次他们是看电影，和陈厚霖同学的答案是一样的哦。

画面八：狄姆和爸爸在看电影

师：电影院里面虽然黑黑的，却非常暖和，舒服极了。爸爸在不时地发笑，因为他的喉头在颤抖，所以我知道。电影放完了，灯一亮，爸爸就"咚"地拍了一下我的肩膀，说："走，去吃比萨饼吧！"

师：看完电影，父子俩又准备去吃比萨饼了。接下来请同学们来朗读吧。

（二）学生开火车朗读

画面九：爸爸带狄姆去吃比萨饼

生1：餐馆的名字叫"桑达娜"，店员哥哥和我住在同一座公寓楼。哥哥一看到我，就叫了一声："哟，这不是狄姆吗？""唔，今天我和爸爸在一起，他叫焦尼！"我把胸脯挺得直直的。

师："我爸爸叫焦尼"在绘本中是第几次出现啊？

生：第三次。

师：那后面还会不会出现呢？我们继续往下读。

画面十：狄姆和爸爸在比萨店里点餐

生2：我要了橘子汁和比萨饼，爸爸要了啤酒和比萨卷。比萨卷是一种用皮卷着馅吃的比萨饼。啤酒在咕噜咕噜地冒泡。

画面十一：狄姆和爸爸一起吃比萨饼

生3：我把比萨饼的圆边都剩在了盘子里。爸爸却吃得干干净净，啤酒也全都喝光了。"味道好极了！"看见爸爸一边擦嘴，一边掏钱包，我就用店里所有人都能听到的声音叫了起来："我爸爸要付钱啦！"

画面十二：爸爸打算带狄姆去图书馆

生4：走到外面，天已经有点黑了。爸爸看了一眼手表。到了晚上，爸爸就要回去了。不过，不是马上就走，还有时间。去图书馆吧！

画面十三：狄姆和爸爸一起在图书馆看书

生5：我们并排坐在图书馆的椅子上，爸爸翻起了杂志。我呢，我把书放在膝盖上，心里想：现在几点了呢？要是时间能停下来就好了。火车要是不开就好了。

师："要是时间能停下来就好了"，狄姆为什么会有这种想法呢？

生：他不想让爸爸走，时间停在这一刻，他就可以一直和爸爸在一起了。

生：他舍不得爸爸，他想和爸爸在一起。

师：是啊，和爸爸在一起是幸福的，狄姆想和爸爸永远在一起。我们继续往下看。

画面十四：狄姆再次向别人介绍自己的爸爸

生6：我慢吞吞地站起来，朝借书的地方走去。爸爸也跟了过来。扎着马尾辫、戴着一副大眼镜的库尼拉坐在借书的地方。她是常常到幼儿园来给我们讲故事的大姐姐。"今天我是和爸爸一起来的，他叫焦尼。不过，借书的是我，不是爸爸。"我一边用手指着爸爸，一边说。库尼拉笑了起来。

师：这是狄姆第几次介绍自己的爸爸啊？

生：第四次。

师：对，同学们注意到狄姆的手了吗？他在介绍自己爸爸时，带着一种什么样的情感呢？

生：自豪、开心。

师：可以这么理解。狄姆和爸爸也来到了图书馆，和陈慧仪的答案同学一样。好，继续往下读。

画面十五：爸爸打算带狄姆再去吃点东西

生7：抱着书走出图书馆，爸爸说："回家之前，我们一起喝点什么吧！"商店街的一角有一家咖啡馆。爸爸为了让我看清货架里的东西，把我抱了起来。付钱的时候，他也紧紧地抱着我。我要了苹果汁和小蛋糕，爸爸要了咖啡和肉松面包。"把我放下来吧！"我说，爸爸这才把手松开。

画面十六：狄姆和爸爸吃完东西，爸爸要离开了

生8：爸爸喝完咖啡，时间终于到了。

画面十七：狄姆和爸爸准备去车站

生8：在往车站走的路上，我一直握着爸爸的手。爸爸的手好大好大，能把我的手整个包住。"爸爸的手真大呀。"我嘟哝道。

画面十八：狄姆和爸爸到了车站

生9：到了站台上，我对爸爸说："我要在这儿等着妈妈来接我。"爸爸看了一下车票："没事，还有两三分钟呢！"说完，就抱起我上了火车。

师：同学们，你们猜猜爸爸抱狄姆上火车做什么呢？

生：爸爸想带狄姆一起走。

师：那么，爸爸会不会真的带狄姆一起走呢？我们接着往下看，看看爸爸抱狄姆上火车到底是干什么呢？

画面十九：爸爸抱着狄姆上了火车

生10：火车里已经坐了好多人。有的人在往行李架上放箱子，有的人在挂大

衣，还有一位老爷爷正在脱鞋。爸爸找到自己的座位，突然大声叫道："大家听一下好吗？"众人都停了下来，回头望着爸爸。脱掉了鞋子的老爷爷愣住了，拎着鞋就那么穿着袜子站在那里。爸爸伸出一只手，大声地继续说："这是我的儿子。最好的儿子。他叫狄姆！"

师：爸爸有没有带狄姆走啊？

生：没有。他抱狄姆上火车，是为了向别人介绍自己的儿子。

画面二十：狄姆和爸爸要分开了

生11：然后，爸爸抱着我下到了站台上。他让我站直，揉了揉眼睛："再见，狄姆！马上还会见面的。妈妈到来之前，你在这儿等着别动。"说完，他就急急忙忙回到了火车上。

师：爸爸为什么"揉了揉眼睛？"此刻他的心情怎样啊？

生：爸爸舍不得离开狄姆，可能他哭了，又怕狄姆看见，就揉了揉眼睛。

师：是啊，要和自己可爱的儿子分开，爸爸心里有着太多的不舍。

师：每位同学都帮我们读了一部分，那么接下来，老师接着读吧。

（三）教师朗读

画面二十一：火车开动了，狄姆和爸爸挥手告别

师：火车开了。看到车窗里的爸爸了。爸爸在挥手。我也使劲儿地挥手。爸爸的手渐渐地小了下去。（此刻表情、动作、语调都表现出依依不舍）

画面二十二：狄姆再一次向别人介绍自己的爸爸

师：我一直挥着手。按照爸爸说的那样，一直待在站台上。另外一只手，拿着从图书馆借来的书。"我在冲爸爸挥手，我在送爸爸呢！我的爸爸叫焦尼！"我告诉从我身边经过的一位叔叔说，他看着我，对我点了点头。

师："我的爸爸叫焦尼"这句话第几次出现？

生：第五次。

师：从这五次话中，你们感受到了什么？

生：狄姆对爸爸的喜欢。

生：狄姆为爸爸感到自豪。

生：我觉得特别感动，我感受到了狄姆对爸爸的爱。

师：是啊，狄姆这简单的一句话，让我们感受到了他对爸爸浓浓的爱。

画面二十三：载着爸爸的火车开走了

师：火车很快就看不见了。但是从铁轨上还传来了轻轻震动的声音。铁轨很长、很长，一直通往爸爸住的城市……所以，火车一定还会回来吧？载着我最喜欢的爸爸——焦尼。

（四）领略内涵，谈谈感受

画面二十四：狄姆的妈妈来接狄姆了

师：就这样，狄姆又回到了妈妈的身边，故事到此就结束了。同学们，读完了这本绘本，你们有什么感受呢？

生1：从绘本中，我感受到了，狄姆和爸爸之间的爱，他们俩度过了愉快的一天。

生2：我被狄姆和爸爸之间的父子情感动了，我希望他们俩永远在一起。

生3：看到狄姆和他爸爸，我想到了自己的爸爸，我爸爸在外打工，一年就回来两三次，每次回来又匆匆离去，我也好想和爸爸在一起，做一些我们想做的事情啊。（这个学生说完，班上其他学生都动容了，好像都开始想自己的爸爸了。）

师：我想你们的爸爸也会像焦尼这样爱着你们的。

三、截取片段，深入探究

师：我们再来回顾一下这本绘本吧，绘本中一共描绘了哪些场景呢？

生1：火车站。

生2：热狗店。

生3：电影院。

生4：比萨店。

生5：图书馆。

生6：咖啡馆。

生7：火车上。

师：嗯，同学们很认真，找得很仔细啊。刚刚同学们都有提到，和爸爸在一起，想和爸爸一起去吃大餐，我们也来看看狄姆和爸爸在比萨店发生的事情吧。

师：我们先一起看一下这几幅图吧。

师：好的。我们再一起读一下这几段话吧。

师生：餐馆的名字叫"桑达娜"，店员哥哥和我住在同一座公寓楼。哥哥一看到我，就叫了一声："哟，这不是狄姆吗？""唔，今天我和爸爸在一起，他叫焦尼！"我把胸脯挺得直直的。我要了橘子汁和比萨饼，爸爸要了啤酒和比萨卷。比萨卷是一种用皮卷着馅吃的比萨饼。啤酒在咕噜咕噜地冒泡。我把比萨饼的圆边都剩在了盘子里。爸爸却吃得干干净净，啤酒也全都喝光了。"味道好极了！"看见爸爸一边擦嘴，一边掏钱包，我就用店里所有人都能听到的声音叫了起来："我爸爸要付钱啦！"

四、探究绘本，总结写作方法

师：我们来认真看一下这段话。学习一下，作者是怎么描写狄姆和爸爸在一起用餐的场景的。大家可以和同桌讨论。

生1：交代了餐馆的名字，还有他们遇到了什么人。

生2：还写了他们点了什么东西吃。

生3：还写了爸爸和狄姆是怎样用餐的。

师：同学们总结得都很到位。和老师总结得差不多。①去过哪些地方，遇到哪些人；②在特定的场景里发生了什么事情；③注重细节描写，如人物的语言、动作和眼神等。

师：那么，我们也来利用这种写作方法，写一写你和爸爸在一起的时光吧。不过在写之前，我要给大家看一样东西。（PPT展示）

五、走进生活，聆听爸爸的话

师：我们一起来看看你们的爸爸有什么话想对你们说。（配音乐）

师：潘开发爸爸说："爸爸喜欢你认真画画的样子。你孝顺爷爷，看到爷爷上落楼梯没有开灯你都会主动帮他，爸爸好感动，也许这些年你真的成长了许多。值得欣慰的是，无论是坐公车，还是在公众场所，都会主动让位给爷爷奶奶，他们都会微笑地向你说，谢谢小伙子，希望你再接再厉。"

师：蔡林秀爸爸说："爸很爱你，希望你努力读书将来考上大学，爸知道你是一个懂事的好孩子，星期天会早起床帮爸妈干活，干完了又认真学习画画。听老师说你画画进步很大，希望你以后更加努力，加油！"

师：苏倩瑶爸爸说："倩瑶，其实我心里有很多话对你说：虽然你已经18岁了，我却一直还担心你的健康成长之路。记得去年你一个人去广州残疾联艺术团跳舞，我好紧张也很担心，这种心情简直不能用文字来形容。还好，你一直都是聪明而懂事的孩子，上车到下车，坐广州公交、坐地铁，步行到残体中心，你都一直和我在线联系来报平安。当你到残体中心报到的时候，爸爸的一颗心才真正的放了下来。那时候，我才觉得我的女儿好像真的长大了，我很欣慰。我很想对你说：女儿，我真的很在乎、很爱你，虽然你过得比正常人辛苦很多，但我一定会尽自己最大的努力让你快乐而健康地成长，让你实现做舞蹈老师的梦想……"

师：陈厚霖爸爸说："厚霖你是一个既懂事又听话的阳光男孩，家里要安装什么东西，都是你帮忙的。虽然你听不到声音，但是你心地善良，又会关心别人。有一次妈妈不舒服，你紧张地扶着妈妈坐下来，给妈妈倒热水，擦药油，让妈妈多休息，还把饭煮了。你在爸爸心中是一个完美的孩子，我为你感到骄傲和自豪，爸爸永远爱你。"

师：杨峰爸爸说："我记得早几年前，爷爷得了一场重病，走路不方便，你经常扶住爷爷走路，别人都说你很孝顺老人，懂得尊老爱幼，很受家人和叔伯及亲人喜欢，虽然你生来是有缺陷的，但我作为父亲也一样感到自豪。"

师：彭星爸爸说："你在家里算得上是一个听话懂事的孩子，从小到现在你都比较听我的话，只要看见我在干活，不管你干不干得了，都会来帮我，我很开心。自从你能做端水倒茶这件事之后，只要我一回到家，或者是吃完饭上楼，你都会端着一杯水到我面前，让我喝水。只要你在家，我的水杯你会随时关注，不会让水杯空的。虽然是一件小事，但是作为老爸我真的很开心，很欣慰。这也许就是人们常说的父子情深吧！在这里老爸跟你说声谢谢。"

师：谢蕙蔓爸爸说："蔓，你是个勇敢、善良、有爱心、做事有原则的孩子。就是有时候太任性，让我们担心！当然，你的任性我们做父母的也有一定的责任。其实你各方面做得还是不错的，希望你继续努力。

师：陈君怡爸爸说："女儿，从你一来到人间，爸爸就满心欢喜，整天拉着你的小手心里乐开了花。有一天夜晚，爸爸又和你坐着摩托车来到一个几层楼高的大超市逛。我们坐在一个小食吧里美美地吃东西。就在爸爸去一趟卫生间的空档，你已经不在小食吧了。爸爸着急地到处找你，心里怦怦直跳，后来叫来了妈妈，我们楼上楼下都找了个遍，还是找不到你。爸爸吓得直冒冷汗，你妈也吓得手脚发软。就在爸爸妈妈准备坐摩托车到大街上找你时，发现小小的你稳稳地坐在小巷的摩托车上玩弄着你的小手。我们哭着把你紧紧抱在怀里。这件事过去很多年了，但爸爸经常想起来。知道你是个聪明的孩子，你认为只要坐在摩托车上爸爸就会找到你。所以今天爸爸只想让你记住两点：一、爸爸永远爱你，只要你做的事情是正确的，爸爸永远支持你。二、聪明的你只要肯付出，就会有收获。"

师：以上这些是我选出来的爸爸对你们说的话，还有一些同学爸爸说的话，课后我再和大家分享。

六、课堂小结，作业布置

师：刚才我们看到了许多爸爸要对自己孩子说的话，老师感受到了每个爸爸的爱都是独一无二的。本节课，我们跟着焦尼父子俩感受了父子间的爱，也从我班一些同学的爸爸那感受到了他们对自己孩子的爱，今天我们要带着这份爱和感动，仿照"狄姆和爸爸在比萨店"的写作方法，来写一写你和爸爸在一起的情景。写在日记本上，我们下节课来分享大家的美作。

师：好，今天的课就上到这里。下课，同学们再见！

生：老师再见！

七、教学反思

语文学科核心素养由语言的建构、文化的理解、思维的发展和审美的鉴赏组成。语言的建构从学科知识上划分应包括口头语言与书面语言；从学科能力上划分应包括口头语言的听、说能力和书面语言的读、写能力。

本节课主要目的就是通过绘本阅读，过渡到写作，帮助培养学生的书面语表达能力，锻炼写能力。

《我的爸爸叫焦尼》，是一本主题关于爸爸的图画书，没有埋怨也没有责备。亲情是敏感、理解、关爱与支持。挚爱亲情永远无法割断。只要拥有爱，只要沉着不退缩，就会有勇气、有力量、有安全感。书的最后，焦尼说："马上会再见面的。"所以，火车一定还会回来，拉着狄姆最喜欢的爸爸。这本绘本图书充满着温馨，有儿子对爸爸的爱，也有爸爸对儿子的爱，语言简单易懂。对于八年级的听障学生来说，读起来较为轻松，可以产生情感上的共鸣。

本课的教学对象是我校八年级的学生，学生阅读能力层差不齐。对于绘本，有图有文字，读起来相对较容易。学生整体的写作水平不高，通过绘本阅读，帮助学生构建写作框架，给予一些写作段落范本，在此基础上，学生写起来相对会容易一些。下面，是我对本课教学的几点反思。

（一）关于教材

听障学生由于获取知识渠道的有限性，导致他们在阅读、写作上都存在一些困难。绘本，有图画辅助学生理解文本内容，学生读起来会更容易一些。本节课，我选取的绘本是《我的爸爸叫焦尼》，比较符合八年级学生的阅读能力。

（二）关于教学

本节课，通过老师读绘本、学生开火车读绘本等形式，一起感知绘本主要内容。通过节选段落详细阅读，帮助学生构建写作框架，总结写作方法，在此基础上，学生写起来相对会容易一些。课前做好和家长的沟通，提前收集学生爸爸想对孩子说的话，让学生在感受焦尼的父爱之余，感受到爸爸对自己的爱，在此情感基础上，学生写起作文来，相对更容易。这也是本节课的亮点，从阅读到总结写作方法，再到自己来写，比较利于听障学生完成写作要求，帮助他们更好地掌握书面表达，为他们今后进入社会的笔谈打下基础。

附：学生作文（节选）

我和爸爸

我的爸爸一直在外地工作，我很想念我的爸爸。国庆节放假了，爸爸会不会回来呢？早上，我一个人吃早餐的时候，我觉得不开心，突然我转过身来一看，爸爸回来了。啊！我一下子兴奋起来。爸爸向我奔了过来，一把就把我给抱了起来。"爸爸你回来我很开心了。我好想你。"爸爸笑着点点头，指了指餐桌，又指了指外面，我知道爸爸是想带我去外面吃早餐，我高兴地点了点头，就跟爸爸手牵着手出了门。

我和爸爸来到家附近的"忠记早餐店"，店员叔叔看到我和爸爸一起过来，笑着和我们打招呼，又和爸爸在说什么。我点了一碗牛腩粉和五条猪肠碌，我想爸爸一直在外地工作，肯定特别想吃家乡的特色小吃——猪肠碌。爸爸也点了一碗牛腩粉，又要了一份白切肉和一份淋生菜。很快，店员阿姨就给我们上餐了，我和爸爸开心地吃起来。爸爸一边吃，一边微笑地看着我，还不断地给我夹肉和菜。我们一口气就把所有的东西吃光了，我觉得今天的东西都特别好吃，大概是因为有爸爸陪着吧。

吃完早餐，爸爸付了钱，我们又手拉手在附近散了一会儿步才回家。爸爸回来真好。

（小作者：阳江市特殊教育学校杨峰）

我和爸爸

爸爸妈妈去上海工作后，我一直都没有见过他们。我和阿姨一起住，一天阿姨送我回家，到家的时候，我看到爸爸妈妈回来了，啊！爸爸妈妈！爸爸一把就把我给举起来。妈妈也很开心，爸爸说："厚霖，我们总算回来了，我好想见你。要不我们两个人去外面玩一下？"好啊，我跟他一起去。从家里出来路过一个玩具店，爸爸对店员说："给我拿一个小汽车的玩具。"爸爸买小汽车给我，我很开心。爸爸就"咚"地拍了一下我的肩膀，说："走，去吃肯德基吧！"一进去肯德基，一个年轻的哥哥对我爸爸说："欢迎先生，你喜欢吃什么？"我告诉爸爸："我要吃薯条和汉堡包、冰激凌，还有两杯可乐。"我和爸爸吃得干干净净，可乐也全都喝光了。走到外面，天已经有点黑了，我们马上就要回家。

（小作者：阳江市特殊教育学校陈厚霖）

和爸爸一起出去玩

晚上，我叫爸爸带我去出去玩，爸爸问我想到那里玩，我想了想说："到天堡欢乐城去玩！"爸爸对我笑了一笑，牵着我的手出门了，我很高兴。

我和爸爸到了天堡欢乐城，就进去了，我很快在里面玩起来了。这里有好多小朋友，我在玩打球，不一会儿，手臂就有些疼了。我不想告诉爸爸我的手臂受伤了，我想陪爸爸一起玩。于是，我就去玩捕鱼达人或者金鱼物语，爸爸问我好不好玩，我说："好玩，实在是太刺激了。"我玩得满头干汗。时间不早了，爸爸看了看我说："下次再来玩吧！"我只好依依不舍地离开了。爸爸，我想对你说："谢谢你陪我出去玩。"

爸爸又要去很远的地方工作了，我一定按照爸爸说的话，好好学习，照顾好自己，照顾好妈妈，我和妈妈在家里一直会等爸爸回来。

（小作者：阳江市特殊教育学校彭星）

我和爸爸

我和爸爸去北京旅游，爸爸去旅游从来不会忘记带上我。我们登上了长城，我非常开心，也有点激动。地面有点斜陡，我有点害怕自己掉下去，爸爸一点都不害怕。他给我拍照，我也给他拍照，我摆好姿势，爸爸学我摆动作，哈哈，爸爸真可爱！我忘记带水杯了，爸爸拿出水杯给我，我只喝了一点点，怕水没了他没有水喝。下了长城路边有卖小笼包的，那是我最爱吃的！我告诉爸爸说我要小笼包！他笑了，他去买了好多小笼包回来给我吃，我说爸爸也来吃！他笑了。

在天津买特产的时候，我挑好东西，店员对我很好奇，她问我为什么不说话？我能看清楚她说什么，我心里有点难过，不知道怎么回答她，幸好有爸爸在我身边，爸爸和店员说了我的情况，店员点点头，她对我微笑。

爸爸啊！谢谢你帮助我了这么多，爸爸，我要永远和你在一起！

（小作者：阳江市特殊教育学校谢蕙蔓）

阅读点亮生命

——疫情期间线上绘本阅读活动导读方案

一、开场白

"阅读点亮生命"，为了丰富大家的居家学习生活，从今天起，课题组的老师将每隔一周推出一节绘本线上阅读课。

各位可爱的家长和孩子们，大家晚上好！我是今晚带领大家一起读绘本的高飞老师！

今天，我们分享的第一个绘本故事是《鼹鼠太太，我回来喽！》。上课之前，我们先来整体了解一下绘本的内容吧。

（播放录制的音频）

二、基本信息

首先，我们来看一下这本书的基本信息。这是一本比较新的绘本，从封面中，我们了解到绘本的作者是英国的贾维斯，翻译是黄筱茵，由北京联合出版公司于2017年12月出版。从书名中，我们可以猜到这本绘本的主人公是谁。

三、作者介绍

图/文：贾维斯

英国新锐童书作家、插画师贾维斯有长期的平面设计经验，在成为童书作家之前，做过唱片、封面设计师和动画导演，于2017年荣获英国V&A博物馆插画大奖。他的原创绘本《艾伦可怕的大牙齿》是与英国著名的沃克童书出版社合作的首部图画书作品。他的作品兼具搞怪、幽默和生气勃勃的特点，多层肌理的画风和动态场景的完美结合凸显了他的天才创作力。

译者：黄筱茵

台湾著名翻译家，译有作品《糟糕，身上长条纹了》《野马之歌》《雪地里的脚印》等。

四、内容简介

这是一本感受浓浓亲情、爱与希望的绘本。憨厚的父亲日常生活中发生的非常事件，让人捧腹的同时也让人深思。热烈、鲜明的色彩，多层肌理的绘画体现作者的天才创作力！动态场景的描绘带给人身临其境的感觉。故事中的家庭与亲情，通过幽默与搞怪，恰到好处地表达了出来。《鼹鼠太太，我回来喽！》从书名中，你就能大概猜到故事情节了对不？这肯定是一个着急往家赶的鼹鼠先生，并且回家路上可能不是那么顺利。

没错。就是这么个故事，在地下餐厅当服务员的鼹鼠先生在下班那一刻飞奔回家，因为找不到眼镜，一路挖呀挖呀挖到别人家，经历了危险，在快要绝望的时候，闻着熟悉的饭菜味道，一鼓作气找到了家，和家人共进晚餐。答应了宝贝们不再犯迷糊的鼹鼠爸爸，第二天又找不到眼镜了，直接挖到了狮子家，危险！

接下来，我们就跟随鼹鼠莫里斯来一段充满冒险与幽默的奇幻之旅吧。

五、精彩画面赏析

画面一：环衬

这是环衬，也是鼹鼠的生活环境。我们来猜一猜这是哪里呢？

为什么是地下呢？（从图中我们可以看到一些表示地下的特征事物：蚯蚓、垃圾等）

环衬就给我们介绍了，这个故事很有可能发生在地下。

背景要交代，后面的故事才好解释。为什么鼹鼠先生在地下餐厅工作？为什么戴眼镜？最后是怎么找到家的？

画面二：餐厅中忙碌的场景

观察一下地下餐厅的老板、员工和客人都是些什么生物？它们的生活习性特点是什么？

书里每页几乎都有两条小蚯蚓围绕在鼹鼠先生身边，环境不一样帽子也不一样，属于吸引注意力的搞笑小亮点。每页都要让小朋友去找，有助于观察力和专注力的培养。

画面三：鼹鼠先生在忙碌地寻找自己的眼镜

鼹鼠先生是个好员工，上班时间兢兢业业地工作，但是一听到"下班"二字，家的召唤让他归心似箭。这个细节夸张有趣，家长指导孩子观察鼹鼠先生背后的那些图画，作者用了夸张的画法（感觉鼹鼠的工作服都像飞起来了一样，可见鼹鼠先生归心似箭啊），这也是动画片里表现飞奔现场的常用手法。

鼹鼠先生视力很差是他找不着家的客观原因，但它这慌慌张张的状态，才是它眼镜戴在头顶都找不到的主要原因。小朋友，你可以帮忙鼹鼠先生找到他的眼镜吗？

明明手里拿着想要的东西却满屋子地找，这在生活中也很常见，孩子也可能经历过，很容易就能戳中孩子的笑点。这里可以和孩子聊一聊，平时生活中，有没有发生过类似的搞笑的事情。

同时，我们可以告诉孩子做什么事情都不要着急，不要粗心大意。

画面四：鼹鼠先生在回家的过程中误闯进了兔子家

注意观察兔子窝是什么颜色的？

粉色，显得兔子很可爱。

兔子有一个特点是超级能生宝宝。让孩子数数兔妈妈有几个孩子？（这里我们可以带领孩子一只兔子一只兔子地大声数出来，注意是数兔宝宝的个数。）

让小朋友观察兔子一家都在干什么？爱吃什么？熟悉兔子的习性。

画面五：鼹鼠先生在回家的过程中误闯进了鳄鱼家

鼹鼠先生又挖到了鳄鱼家，家长们注意指导孩子们观察鳄鱼的表情，这是什么表情呢？鼹鼠先生说是"不友善"，这让它感到很害怕，所以平时我们待人要友善。

画面六：鼹鼠先生找不到回家的路时，闻到了"虫虫面"的味道鼹鼠先生挖到快绝望的时候，我们是不是要给鼹鼠先生加加油呢？（这时，我们和孩子一起给鼹鼠先生加加油。）

它是怎么找到家的呢？

是"虫虫面"的味道指引了它。眼睛不好使了，鼻子就灵敏起来，依靠嗅觉来行动也是鼹鼠的主要特征。这里可以问问孩子，你有什么特长呢？或者你是怎么找到自己的家的？（我们可以让孩子回顾一下自己放学回家的路径，路上经过哪些标志性的建筑。）

画面七：鼹鼠一家幸福地在一起的场景

鼹鼠先生保证以后再也不会忘记戴眼镜了，那它有没有做到呢？带着这个问题来看看绘本的最后一页吧！

画面八：很搞笑的场景，鼹鼠先生又误闯进了狮子家

哈哈，结果鼹鼠先生还是进错了家，而这次更糟糕的是来到了危险的大狮子家，那接下来会发生什么故事呢？

这是一个开放性的结局，我们可以让孩子们发挥想象力，说一说接下来可能发生的故事。

同时，我们可以提醒孩子，同样的错误一犯再犯，就会遇到更大的麻烦。

六、分层阅读目标

1. 高段

（1）初步理解绘本内容，认识绘本中的各种动物。

（2）了解鼹鼠先生回家的过程，找出鼹鼠先生的眼镜在哪，按顺序说出它去了哪些动物的家。

（3）通过引导，孩子根据绘本中图画的特征，了解各个动物的生活特征。

（4）在故事中体验情感，体会鼹鼠先生爱家、顾家的情感。

（5）根据绘本最后一页，发散性地讲一讲接下来会发生什么故事。

（6）感受绘本阅读的快乐，激发阅读的兴趣。

2. 中段

（1）认识绘本中出现的动物。

（2）借助图画、音频理解绘本内容。

（3）找出鼹鼠先生的眼镜，说一说鼹鼠先生去了哪些动物的家。

（4）感受绘本阅读的快乐。

3. 低段

（1）认识绘本中出现的动物。

（2）找出鼹鼠先生的眼镜。

（3）感受绘本阅读的快乐。

七、互动提问建议

1. 高段

（1）宝贝，你喜欢今天的故事吗？最喜欢其中的哪一页呢？为什么？

（2）绘本中鼹鼠先生回到家了吗？你可以按顺序说一说它一路去了哪些动物家吗？

（3）你觉得鼹鼠先生怎么样呢？它哪些地方值得你学习？还有什么地方需要改正的呢？

（4）鼹鼠先生最后又挖到了大狮子家，猜猜接下来会发生什么事情呢？

（5）生活中，你有没有发生过和鼹鼠先生类似的事情呢？

（6）你来讲一讲这个故事吧。

2. 中段

（1）宝贝，你喜欢今天的故事吗？最喜欢其中的哪一页？

（2）绘本中鼹鼠先生回到家了吗？一路上它去到了哪些动物家呢？

（3）宝贝，你能找到鼹鼠先生的眼镜在哪吗？

（4）（指定一页）说一说，图中发生了什么？

3. 低段

（1）宝贝，今天，我们看的是关于谁的绘本呀？（让宝贝观察封面）你喜欢今天的绘本吗？

（2）绘本里面还有哪些小动物呢？

（3）宝贝，你能找到鼹鼠先生的眼镜在哪吗？用手指出来。

（4）我们一起来再听一遍故事，好吗？

八、 亲子共读建议

（1）初读本书时，家长可引导根据鼹鼠先生的行踪，让孩子初步了解故事的内容。

（2）再读本书时，家长可以将重点放在鼹鼠先生在每个动物家发生了什么事情。

（3）精读本书时，家长可以进一步引导孩子观察绘本中的色彩，以及鼹鼠先生的心情变化。

这本书的故事情节幽默风趣充满了想象和悬念，每翻开一页都迫不及待想要知道下一页会怎么样。家长在带领孩子翻页时，都可以问一问，下一页鼹鼠先生会回到家吗？它又会挖到哪了呢？

同时，作者给予了每一个角色独特的个性，家长可以和孩子一起回顾鼹鼠先生在回家的途中都去了哪些动物的家，这些动物又有哪些表现？

绘本中色彩缤纷的插图，混合了铅笔、粉笔、数码和拼贴，有力地传达了情感，非常有助于为孩子们提供美学启蒙，家长们可以问问孩子们哪些图画是用铅笔画的。

九、 阅读拓展建议

《热带鱼泰瑞》《艾伦可怕的大牙齿》《弗雷德忘记了》

十、 今日互动建议

亲爱的家长们，请你和孩子讲一讲发生在你们生活中类似鼹鼠先生这样有趣的故事。

十一、结束语

阅读点亮生命，阅读是拯救灵魂的必修课，让孩子养成读书习惯，等于在他的心里装了一台成长的发动机。绘本浸润儿童生命，阅读滋养儿童心灵。

我们在鼹鼠先生的故事中感受到了生活的乐趣，让我们带着这份快乐去拥抱美好生活的每一天吧！

多角度思考问题

——绘本《三只小猪的真实故事》教学设计

一、使用绘本

《三只小猪的真实故事》

二、教学对象

聋校高三学生。

三、教材分析

这是一个"狼版"的三只小猪的故事，与我们听惯了的"三只小猪"的故事完全不同。

从封面上看，那只残暴的可怕的狼不见了，出现在我们面前的是一只戴着眼镜、打着领带、彬彬有礼的狼，它打着喷嚏，画面上还有三只后蹄飞了起来的小猪。再一看，封面顶上赫然写着大野狼日报，原来这是一只狼的口述故事，那么究竟发生了什么事，让臭名昭著的狼想洗去自己的罪名？很多人都会迫不及待地想看这个"真实"的故事。

这只大名叫亚历山大、小名叫阿力的狼在为奶奶做生日蛋糕的时候，得了重感冒，不停地打喷嚏，不巧的是它的糖用完了，只得出门去向邻居借。第一个邻居是猪老大，它用稻草盖的房子，亚历山大打了一个大喷嚏后草房子倒了，猪老大死在房子中间，阿力吃了这只小猪；第二个邻居是猪老二，它用树枝盖的房子，亚历山大又打了一个大喷嚏后树枝房子也倒了，猪老二死了，阿力也吃了这只小猪；最后，亚历山大来到了猪小弟家，猪小弟认为亚历山大为又丑又老的奶奶做生日蛋糕是一个借口，于是亚历山大被激怒了，边打着喷嚏边想破门而入。这个时候，警察和记者出现了，亚历山大被关进了监狱……喏，它最后还在举着杯子，也许你可以借它一杯糖！

这个故事是对《三只小猪》的颠覆改编之作，这个改编故事将带给孩子们更多的思考。两个版本的故事冲突将会引发孩子的批判性思考，有利于培养孩子们的语言表达能力和创新思维能力，这个故事究竟谁是"受害者"，谁在"说谎"，这样的疑惑更需要我们进行文本细节分析，学会多一些角度思考问题，来形成自己的观点。

四、学情分析

本班学生已经养成了一定的阅读习惯，初步掌握了阅读方法。阅读了一定量的绘本。在此基础上，进一步开展绘本阅读教学，本节课让学生从传统意义上的阅读课中解放出来，成为课堂的主体。由于有一定量的阅读基础，所以在辩论环节，可以自由大胆地发表的观点。

五、教学目标

（1）通过绘本图文分析，培养学生的观察力，观察图中的细节来分析学生眼中的真相，如汉堡包中的小动物、狼口中的体温计、画面中的狼外婆、稻草堆中的死小猪，等等。

（2）通过辩论会形式，同学们图文结合找寻证据形成自己的观点，培养学生积极思考和口语表达的能力。

（3）引导学生进行批判性思考，能多角度地对三只小猪和狼谁是受害者进行分析。

（4）引发同学们对改编童话的兴趣，也可以对《小红帽》之类童话进行改编写作，培养孩子们创新的写作能力。

六、教学重难点

（1）从图画、文字的细节观察，需要引导同学们对每一个细节进行分析侦察，狼的色彩和猪的色彩都不要太浓。

（2）事实的真相存于大家心中，引导同学们要从不同人物不同角度出发思考问题，培养多元化思维和多方面认真思考问题的习惯。

七、教学准备

旧版《三只小猪》情景剧、《三只小猪的真实故事》PPT课件、证据纸条贴、辩论赛道具等。

八、教学过程

（一）情景导入

观看旧版《三只小猪》情景剧。

师：大家还记得这个故事吗？对，这就是我们小时候听过的《三只小猪》的故事，大野狼吃了住在用稻草和木头做的房子里的猪老大和猪老二，最后被猪小弟给制服了。可是有只大野狼不服气啊，它来到《大野狼日报》报社，说那不是真相，那是《小猪日报》在污蔑它，它又向大家讲述了它所谓的《三只小猪的真实故事》。那么真相到底是什么呢？我们就先来读一读这本绘本吧。

设计意图：让学生在轻松愉快的氛围中进入课堂，由旧版《三只小猪》的故事过渡到本节课的《三只小猪的真实故事》，为后面的辩论做好铺垫。

（二）阅读绘本封面

师：从绘本的封面我们知道了哪些信息呢？

（1）绘本的题目《三只小猪的真实故事》。

（2）这是刊登在《大野狼日报》上的一篇文章。

（3）这是一只狼的口述。

（4）绘本的作者、绘者以及翻译。

设计意图：观察封面对绘本有一个初步的认识和了解。

（三）教师带领学生朗读绘本

设计意图：整体感知绘本，教师通过形象的手语和丰富的表情，让学生对绘本有一个全面的认识。

（四）走进绘本

师：绘本读完了，你们赞同这只大野狼讲的这个故事吗？聪明的你在读绘本的时候有没有注意到什么细节呢？我们再来仔细地看一下绘本。

1. 图文结合

画面：名叫亚历山大的狼在做自我陈述，觉得自己是冤枉的，可它的汉堡中暗藏着秘密。

"那可不是我的错呀！我们天生就是这样的啊！""大家也可以说你是大坏蛋喽？"（大家看这个起司汉堡里面是什么）

设计意图：以此为例，让学生明白，绘本除了要读文字外，还要注意研究它的图画。

2. 议一议

你觉得大野狼说的是真话吗？支持大野狼或反对大野狼，请列举几点理由。

（1）我觉得大野狼是冤枉的。

（2）我觉得大野狼说谎。

设计意图：自由发表观点，对绘本内容有进一步了解。

3. 找一找，写一写

师：支持大野狼的请举手（5人），支持小猪的请举手（6人）。

按照观点进行分组，组内看绘本，再讨论，写一写。

◆我觉得大野狼是冤枉的

1.

2.

……

◆我觉得大野狼说谎

1.

2.

……

师：把你写的内容张贴在黑板上对应的位置。

设计意图：把观点相同的学生分在一组，让他们更好地开展讨论，在绘本中找到自己想要的证据。把自己写的证据贴在黑板上，让每个学生都有发言的权利。这里的"写一写"也是提升学生书面语表达能力的一种训练方式。

（五）辩一辩

正方：小猪代表队，说一说你觉得大野狼说谎的证据。

反方：大野狼代表队，说一说你觉得大野狼被冤枉的证据。

（1）需要在绘本中找寻支持自己的证据，也可以有别的实际证据理由；

（2）两方都需要举手示意待老师同意后发言；

（3）两方陈述观点时，先说明观点再阐释理由，待一方说完后另一方再辩论。（避免重复观点）

（4）教师点评总结。

设计意图：辩一辩，让学生在辩论过程中，思维得到碰撞，有利于培养学生的语言表达能力和创新思维能力，引导学生要从不同人物不同角度出发思考问题，培养多元化思维和多方面认真思考问题的习惯。

（六）课堂小结

（1）通过辩论后，你心中的真相是什么？你发现同一件事，不同的视角，就有了天壤之别。

（2）狼究竟是本性善良还是用心险恶？这个故事的真相是什么都已经不重要了，重要的是我们在这个过程中养成了多角度思考分析问题的习惯。

（七）课后作业

这种从另外视角颠覆童话的写法很有意思吧。请你选择一些经典童话，如《小红帽》《皇帝的新装》等，模仿着也创作一篇吧。

九、板书设计

三只小猪　　　　　　　三只小猪的真实故事

我觉得大野狼说谎　　　我觉得大野狼是冤枉的

多角度思考问题

（注：方框内贴上学生收集的证据）

（肆）

第四辑

幸福的源泉力量

背后的幸福力量

2007年我从老家江苏扬州来到了美丽的阳江，刚到阳江时对未来既有期待也有迷茫。期待着能够在这里实现自己一直以来的教师梦想，迷茫的是一个人背井离乡，不知是否能长久留在阳江。

幸运的是，我们好几个大学同学一起来到了特校，一样住在学校，吃在学校，感觉只是从大学换到了另一所学校。刚开学的忙碌生活很快就冲淡了初到异乡的愁绪，大家都很快投入紧张的工作当中。学校是新的，学生是新的，对于我们而言，教师的身份也是新的，虽然遇到过各种困难，但总算顺利度过了适应期，慢慢地也爱上了这座海滨小城。就这样，大家陆续在阳江成家买房，我也成了一名"新阳江人"，在这里有了自己爱的小家，爱人也是我校老师，无论是工作上还是生活上两人都有着聊不完的共同语言。后来我们陆续有了可爱的孩子们，给我们的生活带来了更多的欢声和笑语。

我们夫妻俩都不是阳江本地人，孩子的到来成了我们"甜蜜的负担"，奶奶帮忙把孩子带到入学年龄，因为老家还有其他事要忙，就不得不回去，我俩就得一边工作一边带娃。

对于学生而言，我们是老师；对于孩子而言，我们是父母，不管哪一种身份，我们都有责任和义务去做好，其实我感觉有时候这两种身份是相通的，需要我们不断学习，不断提高，用智慧去化解相处过程中出现的各种问题。同时，我们也需要合理安排好时间，提高工作效率，在繁忙的工作之余，抽出时间来多陪孩子。

曾经也有人问过我，你工作那么忙，有时还要出差，怎么兼顾孩子和家庭？这也要感谢爱人配合得好，虽然他的工作也很忙，但我们总是相互支持相互体谅，他还总是鼓励我放手去做自己，主动和我一起承担家里大大小小的事务。在两个人的共同努力下，这个小家有条不紊地朝着幸福的方向迈进。

孩子们也很懂事，现在我出差的时候，姐姐都可以帮忙照顾弟弟了。这也为我和爱人的工作提供了很大的支持。

在一个充满爱的氛围里生活着，不管做什么总感觉浑身带着一股劲，一股向上的劲。爱人的支持和包容，孩子们的乖巧和懂事，这些都是我工作背后的力量，也是我幸福的源泉。

暑假期间，家长如何给孩子赋能

一放暑假，家长群里就炸开锅，班主任也会收到来自家长的各种求救信号。"这孩子怎么这样，我说她两句，她就甩脸给你看，半天不跟你说话。""整天无所事事，睡到中午才起床，晚上叫他去睡觉根本叫不动。""隔壁王阿姨家的孙女真是乖巧，上了好几个兴趣班，每天都能听到她在阳台读英语，那英语读得可真好听，为什么我们家孩子什么都不会呢？""昨天跟朋友聚会，他也带着孩子去，人家孩子从头到尾都在一旁安静读书，我家孩子就一直闹着要玩我的手机。""我让他做个饭、洗个衣服什么的，都说没时间，说同学在线等他玩游戏呢！你看邻居家的小红，每天爸妈正常上班，她倒是把家里收拾得干干净净，爸妈下班回来就有饭吃，关键是人家学习成绩还很好。"……为什么家长口中别人家的孩子都很牛，而自己的孩子好像做啥啥不行，干啥啥不会似的。曾经有位班主任做过一个小实验，让家长写一写自己家孩子的十个优点，很多家长写不出来，都说这太为难他们了，自己家孩子啥优点都没有，怎么能写出十个来呢？那么，现在也请家长想一想，或者也拿出纸笔来，写一写你家孩子的优点，能写出十个甚至更多的家长，我要给你们一个大大的赞。这说明你是一个善于发现孩子闪光点的家长，在这样的家长的引领下，你的孩子肯定很棒，或者说在某些方面会有突出的表现。

放暑假了，孩子们从学校回到了家庭这个主阵地，每天大部分时间和家长在一起，家长的一言一行，都会给孩子产生潜移默化的影响。想让你的孩子成为"别人家的孩子"，那么家长，你成为孩子口中"别人家的爸爸妈妈"了吗？暑假，我们想和孩子和平共处，并让孩子有所收获，有所成长，家长起了关键作用，我们要给孩子赋能，试想孩子在充满"能量"的状态下，怎么会过不好一个充实有意义的暑假？那么我们该如何给孩子赋能？下面我们主要从言语赋能、阅读赋能、行动赋能、榜样赋能四个方面来探讨。

一、言语赋能

前面提到一位家长的困扰，"这孩子怎么这样，我说她两句，她就甩脸给你看，半天不跟你说话。"家长认为"我说她两句"根本没问题，那问题其实就出在这个"说"上面。

怎么样通过自己的言语给孩子赋能，而不是让孩子在你的反复唠叨中离你越来越远呢？其实现在关于亲子沟通、人际沟通等沟通技巧的书籍，也很多，如我们熟悉的《非暴力沟通》《如何说孩子才会听》等，家长们有时间，可以找出这些书籍来看看。当我们和孩子发生矛盾冲突时，自己的情绪怪物一定是跑了出来，这种情况下，我们脱口而出的话语很可能会给孩子造成很大的伤害，从而影响亲子关系。

（一）有情绪时不交谈

在和孩子进行有效沟通时，我们要注意自己的情绪，做到有情绪时不交谈，深呼吸等自己冷静下来，再来跟孩子好好说。如果孩子也处于情绪爆发当中，我们也要给予时间和空间让他冷静下来，带着情绪，是很难处理好问题的。

（二）拥抱是最好的爱的语言

有时候一个拥抱能解决一切问题。当孩子处于情绪失控状态时，家长说再多她也是听不进去的，这时我们给予她一个大大的拥抱，拍拍她的后背。可能你的这个举动，会让她更大声地哭泣，但在她放声哭完以后，所有不好的情绪就随着眼泪流走了。我们再摸摸头，抱一抱，一个情绪危机就可以轻松解决了。拥抱是爱的最好的语言，家长朋友们，想一想你们有多久没有拥抱自己的孩子呢？今天睡觉前就给你的孩子一个"晚安"的抱抱吧，让孩子带着"爱的能量"睡一个美美的觉吧！

（三）聆听也是一种素养

孩子愿意和我们讲述她的困惑，我们不要显得不耐烦，甚至带着自己的判断去打断孩子的叙述。有时候，聆听也是一种素养。如果我们简单粗暴地打断孩子，可能孩子下次就不愿意再和我们讲自己的事情了。作为家长要拥有足够的耐心听孩子讲话，我们就是她的榜样，下次我们想和他们说些事时，他们可能也会用同样的态度来对待我们。这种素养对她今后与人相处也是会有影响的。试想一下，总是随便打断别人说话的人，他的人际关系会是怎样的呢？

（四）赞美是赋能的有效途径

我想问一下各位家长，当有人当着你和孩子的面表扬你家孩子聪明时，你会怎么回答呢？有些家长说遇到这种情况当然要谦虚啊"没有没有，我家娃哪有你家的聪明，你家娃每次考试都班级前十，你看我家这个天天就知道玩。"换位思考，作为孩子，此时会是什么心态呢？别人家妈妈都表扬我聪明，为什么我妈就看不到，就知道说我贪玩呢？而喜欢在别人面前夸自己的孩子懂事、爱学习等，你会发现这类家长的孩子就真的朝着夸奖的方向发展下去了，而且孩子也会更加自信，因为他们知道自己在爸妈眼中是最棒的。赞美的能量是不是很大啊！同时我们在赞美孩子时，要赞得具体，赞得真诚，赞得巧妙。实事求是的赞美就像一剂良药，能够愈合因为犯错误而引发的心灵创伤和悔恨，而我们用滚水一样的言辞去批评一个人时，也许早已成为不怕开水烫的死猪。既然赞美是给孩子赋能的有效途径，那么家长们不要吝啬你的赞美，如果你的孩子就在身边，来，让我们夸夸孩子今天的进步，为孩子们赋能吧。

二、阅读赋能

英国哲学家培根说过："读书塑造人格。"暑假孩子们有很多时间来开展阅读，一本好书就像孩子们的良师益友一样，帮助他们明事理，学美德。家长通过阅读帮助孩子赋能，是一个良好途径。那么挑选什么样的书来读呢？家长可以咨询老师，根据孩子的年龄特点选择适合的书籍。有些家长说："我给他买了好多书，老师每学期推荐的书，我都买了，可是他一样让这些书在家闲置，根本发挥不了这些书的作用。"为了让"阅读赋能"的作用发挥最大化，我们要和孩子一起制定阅读清单、准备阅读记录本等。

暑假初期我们跟孩子一起制定读书计划表，按照老师推荐的书目，每天大约读多少，提前做好规划，并用本子记录下来每天的读书心得。几个要好朋友的家长可以联合起来，建立微信群，确定一个时间，把每天孩子读书的阅读记录本分享出来，几个伙伴共读一本书，这样相互促进，孩子们读起来就更有积极性。同伴支持的力量也是强大的。

有家长说，现在暑假已经过去大半了怎么办？没关系，你就从现在开始做这件事也不迟，哪怕到开学初孩子只读了一本书，至少他也有这一本书的赋能啊。

三、行动赋能

（一）走进自然，实践探索

暑假了，我们可以多带孩子接触大自然，参与社会实践，在大自然中，孩子可以自我疗愈，家长用实际行动来帮孩子赋能。问问孩子暑假打算怎么度过，制定合理的时间管理表，家长负责帮助孩子时间管理表打卡，在时间管理表中可以体现，外出旅游、社会实践的安排等。孩子们在看了各种游记书籍后，对有些地方还是很向往的，家长带着孩子到处走一走，去领略祖国的大好河山，感受文章中描写的美景，这在无形当中就是给孩子赋能。

有些家长又说了，我根本没有时间带孩子去旅行啊？长途旅行做不到，短距离的也行。比如说利用周末，带着孩子在家附近的公园，或者去农村的老家走一走，给孩子更多自由飞翔的空间，这就可以了。

（二）搭建平台，探索自我

暑假时，我们还可以商量着帮孩子报报兴趣班，给孩子不同的机会和平台去探索体验，让孩子在实践中探索自我。可能孩子学习不好，但她画画特别好，在绘画班她可能会体验到成功的幸福；或者她舞跳得不错，这都是给孩子创造不同的平台，让其去探索自我。这也是家长行动赋能的一种方式，孩子某个方面的突出得到认可，家长就要放大这个方面，让孩子在这个过程中体验到了更多的成就感，成为一个自信的人。

四、榜样赋能

暑假时，榜样赋能也是一个有效方法。放假了，大学生们有些也回到了老家。这时，家长们可以帮自己的孩子找一个大学生朋友，如自己亲戚朋友当中比较优秀的大学生哥哥姐姐，让自己的孩子和他们住几天，或者让他们和孩子分享自己的求学路或者自己在大学中的各种见闻，让孩子们在榜样的身上汲取能量。

没有这样的亲戚朋友怎么办？我们也可以在书籍中、网络中、电视中寻找这样的榜样，带着孩子们一起去了解这些榜样的事迹，我想对孩子们一定会有促动作用。

  一个充满能量的孩子做什么都不会差。暑假期间，家长们给孩子们赋予了满满的能量，让孩子们度过一个充实的假期，如果假期心不散，开学就不用费力去收心了！家长朋友们，我们的暑假已经过去大半了，接下来的时间里，让我们行动起来，一起给孩子们赋能吧！

  最后送大家一首纪伯伦的小诗：

你的孩子，其实不是你的孩子，

他们是生命对于自身渴望而诞生的孩子。

他们通过你来到这世界，

却非因你而来，

他们在你身边，却并不属于你。

你可以给予他们的是你的爱，

却不是你的想法，

因为他们自己有自己的思想。

你可以庇护的是他们的身体，

却不是他们的灵魂，

因为他们的灵魂属于明天，

属于你做梦也无法达到的明天。

家庭教育对我的影响

国庆小长假，"神兽"归来，身边不少朋友为了不让孩子宅家打怪升级或是成天刷剧，从1号到7号，每天的活动行程安排得满满当当。"只要不在家，去哪儿都行！"爬山踏浪、寻秋露营等户外活动不仅能增进亲子互动、融洽家庭关系，也能让大人小孩都暂别手机、网络，真是"可怜天下父母心"！

今天，我来和大家分享一下我的父母在家庭教育中给我留下深刻印象的几件事。我爸妈没有高学历，也不是教师，没有学过教育学、心理学等专业知识，他们一生质朴，是最普通的劳动人民，但他们教育子女的方式对我们姐弟俩有着深远的影响。

一、再穷也不能穷孩子读书

小时候，妈妈常对我们说："你们出生在农村家庭，要想改变命运，就一定要好好读书。只有读书、学习才能改变命运，走出农村，走进大城市。"

20世纪90年代江苏的计划生育抓得特别严，家家都是独苗，鲜有兄弟姐妹，我家因为特殊原因多了个弟弟。在那个还没有实施免费义务教育的年代，一个农村家庭要负担两个孩子上学，是件很有压力的事儿。

记得每年一到快开学的时候，爸爸妈妈就会把家里储藏的麦子、豆子或者稻谷等粮食晒干了拿去卖，卖回来的钱就是我们的学费。还记得小时候学的一篇课文——巴金的《春蚕》，在课文结尾：母亲一面摘茧子，一面轻轻地对我和姐姐说："孩子，上学得用功啊！这学费可来得不易呀……"这句话也是爸爸妈妈经常对我说的。村里也有人劝过我父母说："家里两个孩子，有一个孩子读书就好啦，另一个可以早点进厂打工挣钱。"每次听到别人这样说，爸爸妈妈总是报以微笑，因为他们心中有个坚定的信念：再穷也不能穷孩子读书。

受父母影响，我一直都觉得学习是件非常幸福的事情，我珍惜每一次学习的机会。带着这种幸福感去学习，总觉得学习充满了动力。

二、不拿别人的一颗钉

爸爸是个木匠，按理说家里少不了做工剩下的螺丝钉、边角料啥的。但我们家里哪怕想用一颗小小的铁钉，都是要自己去买的。每次遇到这种事，妈妈总会笑着说："你家爸爸真是个实诚的木工师傅啊，主人家用剩的一颗小钉子，他都从不往家带。"而老爸每次都会严肃地说："我们只是去干活的，钉子是主人家的，哪怕是一颗钉，也是别人花钱买的，我们怎么能随便拿别人的东西呢？""知道知道，你说得对，我们要向你学习。"妈妈也跟着打趣道。

我的老爸就是这样一个实诚的人，在他的言传身教下，我和弟弟传承了他诚实的品质，始终善良温和地对待身边的人和事。

三、实践出真知

我爸还是一个实践型的人。

小时候，有一次我被一道数学题难倒，就去问我爸，题目大约是把一个凳子切掉一个角，然后再算它剩下来的面积是多少。我爸本是木工，对这种题目很是在行。拿起题，他就跟我画图讲解起来。说了半天，见我还不是很理解，便索性搬开屁股底下坐的木凳，操起锯子锯了一个角，然后非常直观地告诉我，这里怎么算，那里怎么算。他当时的举动和那认真的样子，我这辈子都忘不了。老妈看见了，直埋怨："讲题就讲题，怎么还把好端端的一张凳子给锯了呢？"老爸却憨憨地笑着说："毛主席都说了'实践出真知'，这个题目是从生活中来的，我们也要在生活中去解决。凳子不就少个角嘛，你看，还不是一样能坐吗？"说着老爸便坐在凳子上来回晃动以证明凳子缺个角是没问题的。老妈也没再说什么。现在想想，爸爸真是一个不错的"老师"。从那以后，遇到类似的问题，我都能迎刃而解。

四、宝贝，你读英语真好听

我从初中开始学英语，我妈只要听到我读英语就会由衷地夸赞我读得特别好听。每天早上起床，不管她多困，晚上睡觉，不管她多累，总会说："宝贝，你读一段英语给我听一下，我特别喜欢听你读英语，你读英语真好听。"也就是在我妈的鼓励下，我坚持每天早上、晚上读一段英语课文。

后来去县城读高中，在同学的嘲笑声当中，才知道自己的英语发音带有浓重的地方口音，非常不标准。但我妈还是每天笑眯眯地对我说："宝贝，你读英语真好听，妈妈特别爱听你读英语。"我慢慢体会到，我妈就是想以这种方式鼓励我大胆开口读英语。通过多听多读，模仿英语磁带里的语音语调，后来我的英语口语水平也取得了很大的进步。

五、宝贝，妈妈放心你

小时候，有段时间我总觉得妈妈不爱我了，别人的妈妈总是会关切地问孩子："作业写完了吗？书会背了吗？"而我妈从来都不关心我这些。为此，我心里难过了好一段时间，还好妈妈心细，发现了我的心思，就找我谈心。

我把内心的疑惑告诉妈妈："妈，为什么你都不管我，你看别人家妈妈天天跟在后面问这问那的，你从来没问过我，难道你不担心我不写作业吗？你不担心我考试考不好吗？"说着说着，我委屈地哭了。妈妈笑着摸了摸我的头说："宝贝，妈妈放心你啊。在妈妈眼里，你是一个稳重独立的孩子。妈妈觉得你可以处理好这些事情，如果你真的遇到困难的话，妈妈肯定会帮忙的。妈妈永远都在你的后面支持你。"听到妈妈这样说，我一下子便释怀了。在老妈的这种绝对信任下，我做什么事情始终都觉得背后有个强大的力量在支撑着我。

六、多阅读，多学习

我妈特别注重我跟我弟弟阅读。虽然家里没什么钱，但是妈妈在阅读方面从来不含糊，她省吃俭用，尽可能地给我们买一些课外阅读书籍。

我读高三那一年，在紧张高压的学习状态下，根本没有太多的时间去读课外书籍。我告诉妈妈："语文老师建议我们可以读一读《读者》《青年文摘》这一类的杂志。"于是我妈每期必买，在我们吃饭、洗澡的时候，她就拿着《读者》或《青年文摘》在旁边读给我们听。现在想想那时候真是太幸福了，当时没有像现在这样的各种听书软件，但我就是在老妈的"人工朗读"下，丰富了课外阅读。老妈用她的实际行动开阔了我们的知识面，让我们在广泛的阅读中学习、成长。

再后来我到了南京上大学，我妈每次打电话都会问我最近看些什么书，有什么读后感。我知道她是在提醒我不管什么时候都别忘了要多读书，多学习。

现在和我妈打电话，她还不时感慨："这辈子生了你和你弟真是我最大的骄傲。"每每听到这样的话，我的心底都会泛起阵阵暖意。

幸福无关金钱，它是一种源于内心深处的满足，从小我都觉得自己很幸福。因为父母给予了我丰富的精神滋养，他们用朴实的行动让我明白做人做事的道理，懂得了爱与被爱。一个温馨的家庭，是儿女们成长的沃土，也是最好的修炼场。此生能有幸成为家人，是一种缘分，那我们就珍惜这份缘，尊重孩子本来的样子，多鼓励，多陪伴，做他们人生的引路人。

给我一个干净的碗

一天，和朋友们一起吃饭，大家有说有笑的，朋友的妈妈吃了一会儿就站起来说吃饱了，要出去转转。过了一会儿，上了一道这家饭店特别好喝的猪蹄汤，我们就叫朋友的妈妈再回来喝点汤，她谢绝了。

这时，女儿说："妈妈给我一个干净的碗吧！"我说："你那不是有个碗吗？""不行，再给我一个干净的碗。""那就用这个吧，弟弟刚刚喝糖水的碗，干净的，也可以用。"女儿又拒绝，再次强调要一个"干净"的碗。一起吃饭的朋友都注意到了这件事，我觉得这小孩太不懂事，只关注自己的需求，根本不管在什么场合，刚想说她两句，一位朋友就给她拿了一个干净的碗。可没想到，女儿又提要求了："妈妈，再给我一个干净的勺子。"我有点不耐烦了，说道："你到底要干吗呀？一会儿要这个，一会儿要那个。"嘴上说着，终究还是给她拿了一把干净的勺子。整个对话过程，女儿并没有因为我的不耐烦而有什么不好的情绪。

只见她拿到干净的碗和勺子后，就认真地装起汤来，并挑了一块她平时最爱吃的肉装进碗里，放入勺子，端着汤碗就走了出去，送去给朋友的妈妈喝。

我恍然大悟，原来女儿一直强调要个干净的碗是为了装汤送去给朋友的妈妈喝。我们一桌子大人只是嘴上叫了，却都没有像女儿这样，用实际行动去邀请别人来喝汤。

我很后悔，刚刚还因为女儿的"倔强"显得那么不耐烦。全桌的大人们，看到女儿的行动，都表扬她太懂事了，我也赶紧说道："宝贝，对不起，刚刚妈妈错怪你了。你真是一个会关心别人的好孩子。"还好女儿不跟我计较，在大家的赞许声中又继续回到餐桌上吃饭。朋友的妈妈也一个劲儿地说："这娃太懂事了！"

　　阳光坚强的女儿，在我已经表现出不耐烦的情况下并没有放弃自己最初美好的想法。倘若，当时女儿有半点犹豫，我们最终都不会明白她为什么一直纠结于"一个干净的碗"，而只是简单粗暴地认为这个孩子太矫情、太以自我为中心了。

　　有时候，成人总是以自己的思维去看待孩子的行为，看到孩子某个刚表现出来的行为，就早早下结论，错失孩子行为背后的美好。不管是家长还是老师，我们对于孩子的一些行为不要草率下结论，要学会等待，等待孩子的尝试，等待孩子的实践，让孩子有充足的时间去展示自我。

其实我是在意的

周末的下午，我从房间里出来看见弟弟气鼓鼓地坐在一边，姐姐正在津津有味地看着电视。我问弟弟："宝贝，你怎么不看电视啦？""都是姐姐说了算，她说看什么就看什么，我都没有选择的权利。"我被弟弟小大人似的话一下子逗乐了，原来这小家伙已经开始有主见了。我一把抱起弟弟，笑着说："你也想自己来选电视节目看是吗？""是啊！家里都是你们大人说了算，看电视要听姐姐的，去哪玩要听爸爸妈妈的，我都不能做主。"听着弟弟这番"小大人"的说教，我心里咯噔了一下，一直觉得他还小，根本不会在意这些，也不会懂得这些。"看来我们家宝贝长大了嘛，那你和姐姐商量一下，等姐姐看完了，也让你来选一选喜欢看的好不好？"弟弟听我这样一说，马上就乐了，就在旁边等着姐姐看完。

看着弟弟开心的样子，我想：我们成人总是觉得孩子还小不懂事，我们能替他们决定的就都包办了，也觉得他们不会在意这些，还总是以"为他好"为理由。听到弟弟用那稚嫩的声音发出的"控诉"，才意识到其实他是在意的，只是不懂得怎么表达，可能有时候就是一顿哭闹，又被我们家长误判为无理取闹。

这又让我想起前几天一个朋友的小孩过生日，我们临时接到邀请参加他的生日会，来不及去买生日礼物，就从刚给姐姐买的一堆新书里挑了几本。当时我也没有觉得有什么不妥，就准备出门过去。姐姐一下子叫了起来："妈妈，你怎么把送我的书又送给别人啊？"我不以为意地笑了笑说："来不及买礼物了，送书给别人是最好的选择。"姐姐委屈地说："可是这是我的书啊。"这下我不好意思了："你那么会分享，我以为你也愿意送书给你的朋友的。""妈妈你要问一下我嘛，让我来选好吗？"我不在意的事，可是女儿在意。她爱看书，此时爱惜书籍与"会不会分享"并无关系。

很多时候，我们都是站在自己的角度去思考问题，没有从孩子的角度去思考问题。说到底就是我们要尊重孩子，"尊重"无关乎年龄，无关乎事情的大小，无关乎我们自己在不在意，那是发自内心地对孩子的一种情感体现。我们没有办法决定孩子是否在意，其实很多情况下"我是在意的"。

饺子的"味道"

　　小时候，爸爸妈妈每天为了生计都很忙，要想吃饺子，除了过年，就只能是下雨天了。农村的活，因为雨天，很多都做不了。妈妈闲下来就会包一些饺子给我们改善一下伙食，童年的饺子中有妈妈爱的味道，也有下雨天的味道。

　　这些天，阳江淅淅沥沥地下着小雨，我不自觉地就想吃饺子，想起小时候妈妈的味道。刚巧今天一早儿子也提议要吃饺子，于是下了班我赶紧来到菜场，还好饺子皮还有卖的，买了几斤饺子皮，又买了些菜和肉，就高高兴兴地去接儿子。儿子一眼就看到我手里提着的饺子皮，开心得从我手里接过去，像个小大人似的帮我提着，说："妈妈，你真棒，早上我说要吃饺子，你就买了饺子皮，太好了，我要和你一起包。"一边说，一边接过我另一只手里的菜，"我是小小男子汉，最厉害了，这些我都帮你拿吧。"看着儿子一手提着一袋东西走在前面，我心里不禁发出了感慨，我的小男孩长大了。

　　接到女儿后，儿子马上就说："姐姐，我们今晚包饺子。""太好了，晚上有饺子吃了。"女儿也很开心。"这要感谢弟弟的提议啊，回家你们要帮忙一起包饺子哦。""没问题，我是剁馅高手，剁馅就包在我身上了。"女儿说完，儿子也连忙说："我包饺子最厉害了。"就这样，因为晚上回家要包饺子，这段放学回家路也变得异常幸福起来。

　　一回到家，放下东西，我们就各自分工起来，姐姐负责剁馅，弟弟负责洗其他配菜，而我就负责准备调馅，看着他们俩忙得不亦乐乎，我也是乐在其中啊。小时候妈妈给我包饺子吃，长大了孩子给我包饺子，真是幸福啊！

　　孩子们把馅儿都剁好了，我就开始拌调料，待我们把一切准备工作做好时，门外传来了开锁的声音，是爸爸下班回来了。俩孩子连忙飞奔出去："爸爸，今晚我们包饺子！""真好啊，我来一起包。"爸爸连忙洗了手，挽着袖子就来跟我们一起包饺子。原本一个平常的夜晚，因为一顿饺子而变得热火朝天起来。

当热气腾腾的饺子端上桌时，爸爸说："你们有没有感觉好像过年呢？屋外下着雨，吹着冷风，而我们却在房间里吃着热气腾腾的饺子，真是幸福呀！"爸爸接着说："这个幸福的夜晚，要感谢好多人，要感谢弟弟出的点子，要感谢姐姐剁的馅，要感谢妈妈拌的这么可口的饺子馅，还有我帮大家一起包饺子。"听着爸爸的表扬，孩子更是乐开了花。

爸爸又问："你们觉得我们这四个人在包饺子的过程中，谁最重要呢？"

儿子连忙举起手说："我最重要，因为我是提议的那个，如果没有我的提议，那就没有饺子了。"

姐姐说："我最重要，如果我不给大家剁馅的话，那就没有饺子馅了。"

我跟着说："我也很重要呀，如果我不帮大家调馅料的话，那大家就没有这么好吃的饺子馅了呀。"

爸爸说："我也很重要，你们做好了前期的工作，如果没有我一起包的话，那你们就不能这么快吃到饺子了。"

听完我们说的话，俩孩子若有所思，是呀，好像每个人都很重要，如果少了谁，今晚这顿饺子还真吃不到嘴里去了呀，这时爸爸又说话了："对呀，一家人在一起就是要团结起来，这样我们的生活就会越来越好了。你看今晚每个人都出了力，弟弟提了这个点子——要吃饺子，买饺子皮的时候他也帮忙提了，还帮忙提菜，回到家又帮忙洗菜。姐姐也很重要，帮忙剁馅，这是很累人的事。妈妈也很重要呀，因为她要按照大家的喜好，把饺子馅的味道调得特别可口。我帮大家一起包饺子也一样重要。每个人都重要，少了谁的那一步都不行，一家人在一块儿就是互相帮助，共同进步。"俩孩子听了爸爸的话都点了点头，对爸爸说："对，我们一家人都很重要，少了谁都不行。"

一次雨天的饺子宴，虽没有童年妈妈的味道，但我们却吃出了不一样的"味道"。

假期外出游玩的意义

国庆节假期的第三天,朋友圈到处游玩,我们也想着带娃出去转转。

去哪玩成了我们讨论的话题。姐姐吵着要去春湾石林玩,弟弟没有什么意见,只要出门玩他就很开心。春湾石林,我们春节期间去过一次,确实也挺好玩的,但我们觉得,阳江还有很多好玩的地方我们没有去过,就想着换个地方去转转。于是我提议去阳西的浸仔湾,这也是我在微信里看到大家推荐的可以去的一个地方。老爸也同意了,于是我们就简单收拾一下出门了。

一上车,姐姐就吵着要喝水,我这才发现忘记带水了,弟弟也跟着说要喝水。我一下子急了说:"下次出门,每个人要记得准备自己出门需要的东西,不要什么事情都依赖妈妈。"姐姐说:"我都不想去的,是你们硬拉着我去的。我想去春湾石林,你们又不带我去。"假期带孩子外出游玩的意义是什么?不就是让孩子去接近大自然,让孩子们更快乐地成长吗?可孩子却说是我们硬拉着去的。我一下子很惭愧,觉得自己是为了外出而外出,并没有让外出游玩充满意义。

我一改刚才的态度说:"春湾石林我们去过一次了,那里确实挺好玩的,也值得我们第二次去。主要是因为今天时间稍微晚了一些,中午在那爬山会很晒。我们今天去一个新的地方,看看那里好不好玩。""肯定不好玩。"姐姐生气地说。紧接着我拿出手机百度了一下"阳西浸仔湾",把那里的简介读给两个娃听,听简介好像还不错。姐姐的态度缓和了一些,说:"要是不好玩怎么办呢?""我们去了,才知道好不好玩啊?你看网上也有很多人推荐这个时候带小孩去那里玩呢。"然后我们又一起了解了"阳西浸仔湾"的历史和地理风景特征。在做了这些工作后,两娃对这次的目的地开始有了憧憬。

这时,爸爸停下车说:"这里有家商店,我去买点水吧。"喝了水后,终于恢复到出游本该有的兴奋期待的氛围当中。

到达目的地后，两娃都很开心，玩得不亦乐乎，最后都舍不得回家了。

这次的出游也让我意识到，每次活动，我们都要做好充足准备。在出门前要大概给孩子介绍景点的特点，让孩子有一个先前认知，再在活动中去逐一去验证。同时，家长也是要学会放手，出门需要准备的东西可以列好清单，各自根据需要分头准备，这样既能培养孩子的责任意识，也让孩子在这个过程中体验劳动的快乐。

假期带孩子出游的意义到底是什么？家长们出门前问问自己，我们并不是为了凑个热闹，就漫无目的地带着孩子到处闲逛。毕竟假期时间宝贵，我们要做好规划，文明出游，让假期更有意义。

姐姐请假了

　　昨天中午接到姐姐班主任的电话，说姐姐发烧了，要求家长马上接回，并需要立马去医院验核酸，48小时内不得返校，所以姐姐就有了两天假期。虽然姐姐请假了，可我们该上班的还得上班，该上学的还得上学。

　　早上起来，姐姐状态很好，也没有再发烧，开开心心地送弟弟上学后，就跟着我来到了学校。我想：既然状态这么好，也不能闲着啊。于是问："姐姐，一会儿去给妈妈听听课，看看妈妈上课有什么需要改进的地方。"姐姐一听，两眼冒光，可以给妈妈提意见，当然要去了。第一节课，我是高三语文课，复习得也差不多了，刚好今天复习应用文，姐姐的单元作文是书信，那就来点姐姐熟悉的吧。于是我就带着高三的学生一起复习应用文——书信。姐姐一看和自己刚刚学的内容相似，就更加来兴趣了，整节课一直跟着我的思路，由于她的参与，高三的哥哥姐姐们上课也充满了激情，也想和这个小妹妹比一比，整节课下来，学生对书信的格式、书写以及信封的填写，都掌握了。在小练习环节，让学生上来写一写，刚开始没有学生愿意，姐姐举手第一个上来写，我也请她到黑板上来写一写，由于姐姐开好了头，学生都积极地上来写。课堂气氛非常愉悦。

　　第二节课我是七年级的课，本节课讲诸葛亮的《诫子书》，由于是文言文新授课，教学重点是朗读和学习手语，初步扫除生字词。这节课下来，姐姐点评：还是高三的课好玩，因为高三的课有学生参与，七年级的课就只有你在讲，有点无聊，你可以让学生自己读，还可以分小组读啊。姐姐这个意见提得好，站在不同的立场去看待课堂，果然有不一样的想法，作为老师就是希望学生在反复朗读过程中加深对课文的整体记忆，再来分析课文就能做到事半功倍。而作为学生，重复的课堂活动容易让他们在课堂分心，也可能达不到老师想要的预期效果。

第三节课又是高三的语文课，本节课就是对第一节课讲的内容进行实操，让学生来写一封信，姐姐也参与其中（刚好完成语文老师布置的家庭作业）。高三的一位小哥哥还给我们家姐姐写了一封信，格式完全正确，今天高三这节课算是成功了。

给魏同学的一封信

魏同学：

　　你好！

　　我希望你可以考上清华大学，不要放弃学习，要听老师的话。成功的路上，少不了你的努力学习，每天都要坚持看书，少玩手机，这样你会收获很多朋友，你的爸爸妈妈也会替你高兴的，加油！加油！

　　祝学习顺利！

谢克明

2021年12月21日

（以上是高三谢克明同学写给姐姐的一封简短的信）

　　姐姐看了这封信还不好意思了，这半天算是上班带娃两不误吧。由于姐姐的参与，两个班的学生上课都很积极，有些学生从来都没有像今天这样想要在课堂上有所表现。当然了，带孩子入课堂并不可取，我也是没办法，只能巧妙借助这个契机，互利共赢吧。

后记

幸福是什么

"你幸福吗？"——这是中央电视台在党的十八大召开前开辟的一档全新的民生新闻调查，一经播出就引起民众热议。我也想问问大家"你幸福吗？"但我知道一千个人会有一千种答案，每个人对幸福的理解和阐述都不同。但如果您要是问我，"你幸福吗？"我会毫不犹豫地回答："我很幸福！我的幸福是发自内心的、是真真切切的，而不是被幸福着！""那你成天面对那样一群不幸的人，你还能幸福得起来吗？"是的，我每天面对的是一群生活在无声世界里的孩子，他们有耳不能听，有口不会说，世上还有什么比这种不幸更痛苦的吗？在他们的眼里，健全、健康的我们是多么的幸福啊！

当大家觉得当代社会的噪声问题日趋严峻并影响人们的生活时，可曾想过有这样一群人，他们认为能听到噪声也是一种莫大的幸福；课堂上，孩子们铆足了劲儿，涨红了脸，扯着干涩的嗓子开口学说话，就为了能发出一个常人看起来再简单不过的音节。聆听美妙的音乐，表述内心的情感——这是多么不过分的请求，但他们的这一请求却被上天无情地拒绝了。而我，作为一名特殊教育的工作者，我是幸福的，因为党和人民给予我开启心灵之窗的机会，为了这份信任，为了孩子们渴望的眼神，工作中我从不敢对自己有一分一毫的懈怠，因为我时刻牢记"我是一名特教工作者！"党赋予我责任，人民赋予我使命，我绝不能辜负党和人民对我的嘱托！校长常说这样一句话："只要学生心中有梦想，我们就要给予他们飞翔的翅膀，让他们的梦想不再残缺。"是啊，每一个孩子都应该被宠爱，每一个梦想都值得灌溉。教育好一个残疾孩子，就是改变着一个家庭。

世界上有很多东西，给予他人时，往往是越分越少，但有一样东西却能越分越多。"那是什么呢？"那就是"爱"。"爱人者人恒爱之"，作为特殊教育学校的教师，我深深地明白"爱"的分量，它能融化冰川，感天动地；它能化作雨露，滋润心田。心中有爱的人是幸福的，获得他人之爱的人更是幸福的，我相信爱是可以蔓延、可以传承的。

对我而言，幸福到底是什么呢？党和国家对教师这一行业越来越重视，作为一名人民教师，我觉得我是幸福的，感受着党和国家对我们无尽的关爱，沐浴着新时代给予教师的美好阳光。可是，有人会问我，你作为一名从事特殊教育的教师，面对一群"不幸"的学生，你会幸福吗？看到别人桃李满天下，而你一辈子可能就只能培养出屈指可数的那么几个人，你还会幸福吗？遇到这样的问题时，我会莞尔一笑，反问他："你觉得呢？"得到的答案往往都是，"我要是你，早崩溃了，还谈什么幸福不幸福啊！"我就是想通过这本书告诉大家，作为一名从事特殊教育的教师，我是幸福的，在成长的过程中有那么多的贵人出手相帮。学生们也在接受教育后回归了主流社会，成为和谐社会的参与者和建设者。家长们也不再因为家里有一个聋哑孩子而整天愁眉苦脸，他们一样可以骄傲地告诉别人，我家小孩在广州读大学呢。通过这本书也把我的幸福和大家进行分享，以此来激励更多的特教青年教师用更加饱满的热情投入工作中去。

我们的孩子，虽然身有残缺，但他们同样怀揣梦想，你要是问他们的理想，他们会一本正经地告诉你"我想像邰丽华姐姐那样，做一名出色的舞蹈家""我要像海伦·凯勒那样，努力学习，将来做一名优秀的作家"等，你可能会说他们的理想太遥不可及了，可是他们正用自己的实际行动去努力实现理想，而作为老师的我，愿为他们的理想插上翅膀，做他们实现理想的云梯。做教师是我的理想，从事特殊教育是我一生无悔的选择。一个人若能选择自己想做、能做而且社会需要的事情，并且沉醉地做着，这个人无疑是最幸福、最快乐的。通过自己的努力，去帮助特殊学生实现梦想，他们的梦想实现了，就是我作为特教工作者最大的幸福！

党的十八大以来，以习近平同志为核心的党中央高度关注残疾儿童少年健康成长，党的十八大提出"支持特殊教育"，党的十九大提出"办好特殊教育"，党的二十大提出"强化特殊教育普惠发展"，从"支持"到"办好"再到"强化"，我们充分感受到，新时代十年，我国特殊教育事业纵深发展取得了显著的进步，站在两个一百年的历史交汇点上，党和国家对于继续办好特殊教育的信心与决心！

2022年5月，我有幸以党代表的身份出席广东省第十三次党代会，作为一名特殊教育教师，当现场聆听到大会报告再次提出"办好特殊教育，让每个孩子都拥有人生出彩的机会"时，我的内心无比振奋，感觉肩上的责任更重，使命无上光荣。作为一名特教人，我们没有理由不相信幸福就在前方，让我们携手并进，为特殊教育事业的发展谱写新的篇章！